Jochen Arntz

Deutschlands stärkster Jahrgang

Süddeutsche Zeitung Edition

Inhalt

Viele, viele
Deutschlands stärkster Jahrgang

Viele, viele

War das nicht gestern? Dieser Abend am See, die Luft war doch schon warm, der Sommer würde kommen, sehr bald. Jeder konnte es spüren in dieser Nacht.

Die Schule war noch nicht vorbei, alle waren zusammen, wie immer. So viele in der kleinen Stadt, so viele Mädchen und so viele Jungen in den vollen Klassenzimmern, morgens in den alten Schulbussen mit den beschlagenen Fenstern, an der Ampel auf den Mofas. Auf dem Pausenhof, wo man kaum ein Bein vor das andere setzen konnte, schon gar nicht in der Raucherecke, wo die Coolen standen, ihre grünen Parkas trugen und wenig redeten. Und die Pärchen dazwischen, die gar nicht verstehen konnten, dass die anderen noch keinen abbekommen hatten. Es waren doch genügend da.

Und jetzt dieser Abend am See. An den Bäumen rund ums Ufer lehnten die Fahrräder, dahinter auf dem Weg standen die Mopeds, die roten Vespas der Mädchen, und ganz hinten an der Straße, auf dem Kiesparkplatz ein paar alte Käfer, kantige, rostige Mercedes-Diesel mit „Stoppt-Strauß"-Aufklebern, zwei, drei Enten und ein flaschengrüner Passat-Kombi, geliehen von den Eltern, nur für diesen Abend. Einer hatte schon eine Kenwood-Anlage in seinem Mini Cooper. Was für ein Sound. 2 x 60 Watt. Und alles auf Kassette, Deep Purple, „Smoke on the Water". Der See brannte, das passte doch.

Langsam wurde es dunkel, überall am Ufer lagen sie und redeten, sie waren keine Kinder mehr, aber noch nicht erwachsen, obwohl es sich längst so anfühlte. Die Glutflecken der Zigaretten glimmten in der Nacht, selbstgedrehte Zigaretten waren das, Drum und Javaanse Jongens. Schwarzer Krauser auch, das harte Zeug für die wortkargen Angeber.

So viele Stimmen am See, so viele wie Mücken fast. Kein Handyklingeln, Handypiepen oder -schnarren, das gab es noch gar nicht. Nein, das alles gab es wirklich nicht, kein rot blinkendes Blackberry, kein schimmerndes iPhone, nichts davon. Nur Mix-Kassetten für die Mädchen, mit den besten Liedern. Für die besten Mädchen. Eigentlich unvorstellbar heute.

Damals, da war nur das Gewisper am See, das Lachen, die leisen Schwüre, manchmal ein peinlicher, kleiner Schrei. So peinlich wie Barclay James Harvest und später Purple Schulz. „Verliebte Jungs".

Irgendwo lief „Verdamp lang her" auf dem Kassettenrecorder, BAP, das war ganz gut. „Verdamp lang her", dabei fing das

Leben doch gerade erst an. Mit Pink Floyd, wenn man die Sache ernst nahm, und mit den letzten Fahrstunden. Phil Collins war jetzt immer im Radio. Die Fahrlehrer mochten ihn. Manche ihrer Schüler hatten sich mit schwarzem Edding Status Quo auf die Jeansjacke geschrieben. Andere trugen rot-gelb-grüne Reggaemützen, selbstverständlich selbstgehäkelt, sie husteten ein bisschen Gras weg, dachten, sie seien Bob Marley. Aber der war schon tot. Was ihn noch größer machte.

Man konnte gar nicht alle kennen, an diesem Abend am See, weil es einfach zu viele waren, die auf den Steinen am Ufer lagen, knutschten oder einfach auf das schwarze Wasser schauten. Aber wichtig war, dass alle da waren, weil man immer etwas zusammen machte, damals. Weil alle so viele waren, und eigentlich gar nicht wussten, wie besonders das war. So einzig-artig, dass es das in diesem Land nie wieder geben würde, denn die Jungen und Mädchen am See, in den frühen 80ern, sie waren eine Sensation. Wenn sie 1962 geboren waren, oder 1963, oder 1965 und 1966, das war auch noch groß.

Aber wenn sie aus dem Jahrgang 1964 waren, dann waren sie absoluter Rekord. Ein zweites deutsches Wunder, nach dem Wirtschaftswunder. Dabei war der Krieg noch keine zwanzig Jahre vorbei.

Als die Männer und Frauen in den Meldeämtern im Jahr 1964 ihre Bücher schlossen, da wussten sie, manche ahnten es vielleicht nur, dass etwas sehr Außergewöhnliches geschehen war. Nie zuvor und nie danach wurden in der deutschen Nachkriegsgeschichte mehr Kinder geboren als in diesem Jahr 1964. Kinder, die es dann völlig normal fanden, mit Hunderten anderen abends am See zu liegen, später, als sie größer wurden. Oder auf Schulhöfen zu stehen, die so voll waren wie die Wiesen bei den Abschlussgottesdiensten der Kirchentage.

Was ist schon eine Facebook-Party gegen einen normalen Nachmittag in einem Kleinstadt-Freibad in den 70ern? Ein Witz.

Nehmen wir Monaco, nehmen wir Liechtenstein und Luxemburg dazu, alle Einwohner von Malta und Andorra auch noch. Das sind schon ganz schön viele Leute. Weit mehr als eine Million Menschen leben in diesen Staaten.

Aber sie alle zusammen, sämtliche Bewohner dieser Länder, sind immer noch weniger als all die Kinder, die 1964 auf die Welt kamen, in Deutschlands größtem Jahrgang nach dem Krieg. Ganz genau 1 357 304 Kinder wurden in diesem deutschen Rekordjahr geboren, im Westen und im Osten zusammen.

Zum Jahrgang 1964 gehören der Schauspieler Jan Josef Liefers, er kam in Dresden zur Welt, die CSU-Politikerin Ilse

Aigner, die in Oberbayern geboren wurde, der *Bild*-Zeitungs-Chefredakteur Kai Diekmann, die Sängerin Nicole, die jetzt schon Großmutter ist, der Moderator Johannes B. Kerner. Caroline Link ist auch dabei, die Regisseurin, die zu den wenigen Deutschen zählt, die einen Oscar gewonnen haben. Und natürlich all die anderen, die diesen großen Rekord ausmachen, seit fast 50 Jahren schon.

„Es kamen damals so viele Kinder auf die Welt, dass die Hebammen eigentlich nur noch im Kreißsaal arbeiteten, sie holten ein Kind nach dem anderen, rund um die Uhr", sagt zum Beispiel die Berliner Hebamme Marion Ebeling, eine Frau, die selbst dem Jahrgang 1964 angehört. Und später, als in Deutschland die Geburtenzahlen wieder sanken, da erinnerte sich ein Hamburger Chefarzt an die großen Jahre auf seiner Entbindungsstation so: „Es herrschte ein Menschengewimmel fast wie auf der Mönckebergstraße im Einkaufsviertel der City."

Man kann es sich denken: Die Jungen und Mädchen, die im Jahr 1964 geboren wurden, waren immer viel zu viele, oder eben herrlich viele, wie man es auch sehen will – in der Schule, in der Lehre, in der Universität. In den Klassenräumen saßen mehr als 35 Kinder, oft waren es auch 40, sie waren eine Macht schon im Grundschulalter. Die Fotografen, die in die Schulen kamen, mussten die Jungen und Mädchen schon ziemlich eng in Dreierreihen aufstellen, um all die Kinder in ihren bunten Streifenpullis auf ein Foto zu bekommen. Und wenn die Lehrerin „Thomas" rief, dann blickten gleich drei Jungs hoch, sagte sie „Stefan", dann war das auch nicht anders.

Das ganze Land war wie ein großes Wimmelbild, wie sollte das bloß weitergehen? Leitartikler sorgten sich, wie man all den Kindern in fünfzehn, sechzehn Jahren eine Lehrstelle besorgen wollte: „Die Eltern haben uns ein arges Problem geschaffen." Die Hochschulen, die Universitäten führten später den Numerus clausus ein, weil sie nicht mehr genügend Studienplätze anbieten konnten, sie bauten eine Mauer gegen die Massen, die aus den Gymnasien kamen. Obwohl eigentlich niemand diese Absicht hatte.

Die 64er werden auch noch als Rentner die Meisten in diesem Land sein. Schon 2030, ja, das ist übermorgen, wird die Zahl der 60- bis 64-Jährigen um 1,6 Millionen höher liegen als heute. Sie werden sich dann noch gut fühlen, ganz persönlich, aber der Generationenvertrag wird nicht mehr funktionieren, auch wenn die Männer und Frauen des Jahrgangs 1964 als erste überhaupt bis zum 67. Lebensjahr werden arbeiten müssen – um dann kaum das zu bekommen, was ihre Eltern einmal Rente nannten. Das ist ihre Zukunft.

Als sie auf die Welt kamen, die 64er, da hatten manche schon richtig Angst vor ihnen. Es hört sich heute so an wie ein guter Witz, wenn man nachliest, was der damalige niedersächsische Ministerpräsident Georg Diederichs sagte, als er über die geburtenstarken Jahrgänge klagte: „Das kann zur Last werden, wie zum Beispiel in Indien."

Ganz so wurde es dann doch nicht, weil sich erstens die Pille in Deutschland durchsetzte. Eine Anti-Baby-Pille übrigens, die der damalige Papst Paul VI. umso bekannter machte, je mehr er vor aller Welt darüber räsonierte, wie sehr er sie ablehne. Und zweitens gab es von Mitte der 60er-Jahre an einfach weniger Deutsche, die Eltern werden konnten, denn jetzt, Ende der 60er, kamen die geburtenschwachen Jahrgänge aus den letzten Kriegs- und den ersten Nachkriegsjahren in das Alter, in dem sie Familien gründen wollten. Aber sie waren eben weniger, und schon deshalb bekamen sie nicht mehr so viele Kinder wie die Eltern der 64er.

Im Jahr 1972 war es dann so weit. Es wurden zwar immer noch wunderbare Menschen geboren, aber die große Party war vorbei, ganz offiziell. Die Deutschen wurden wieder weniger.

Erstmals gab es in diesem Jahr, in dem die Olympischen Spiele in München gefeiert wurden, keinen Geburtenüberschuss mehr. Das heißt: 1972 war die Zahl der Verstorbenen in Deutschland größer als die Zahl der Neugeborenen. So schnell kann das gehen.

Und während Politiker 1964 noch Angst hatten, sie würden hierzulande indische Zustände erleben, unkontrollierbare Menschenmassen, fragten sie und auch die Meinungsmacher in den Zeitungen und im Fernsehen nur sechs Jahre später verzagt: „Sterben die Deutschen aus?"

So ist es nicht gekommen, aber so, wie es war, wurde es nie wieder. Eine Kölner Gummiwarenfabrik stellte ihr Sortiment schnell um, von Schnullern auf Badekappen. So funktioniert Demografie im Wettbewerb.

„Nicht mehr wie die Kaninchen", schrieb die *Zeit* damals über die Deutschen, vielleicht nicht ganz so stilsicher wie sonst, aber wie immer sehr richtig. Die Prognose stimmte ja. Und irgendwann, wenn die 64er nicht mehr da sein sollten, wird man schon merken, wie ruhig dieses Land ohne sie sein wird.

Noch aber beherrschen sie Deutschland, was übrigens im Wortsinn nicht stimmt: In der deutschen Politik, besonders im Bundestag, gibt es nur wenige bekannte Menschen aus dem

Jahrgang 1964. Ute Vogt von der SPD in Baden-Württemberg ist vielleicht noch vielen ein Begriff. Auch deshalb, weil sie lange Jahre den Lebensstil pflegte, den alle so gern hatten, die damals, Anfang der 80er, am See lagen und Pink Floyd hörten. Sie fuhr Motorrad und trug Lederjacke, selbst dann noch, als sie schon über dreißig war. Und es sah nicht einmal albern aus. Sie hatte auch ein bisschen was von Stefanie Tücking, die in den 80ern etwas ganz Neues im Fernsehen präsentierte, zumindest im deutschen Fernsehen: Musikvideos. „Formel 1" hieß die Sendung, eine Art steinzeitliches Youtube für Gebührenzahler und die Freunde langer Nackenhaare.

Aber wenn sie es schon nicht im Bundestag sind, dann sind die 64er immerhin eine richtige Macht für die Werbung, oder, wenn man das noch so nennen will, für den Kapitalismus: Was sie kaufen, wollen logischerweise die Meisten kaufen. Und das wird noch lange so bleiben. Denn die Jungen sind weniger und haben weniger Geld.

All die Päckchen, die seit einigen Jahren kreuz und quer durch die Welt geschickt werden, der ganze Versandwahnsinn von Amazon wäre ohne die 64er auch nicht möglich, und das in einem sehr existenziellen Sinne. Denn der Amerikaner Jeff Bezos, der Amazon erfunden hat, ist ein Altersgenosse des deutschen Rekordjahrgangs, er wurde am 12. Januar 1964 in New Mexico geboren. Und sein Versandhandel hätte wohl nie so erfolgreich werden können, wenn nicht auf der ganzen Welt in den 60er-Jahren so viele Kinder geboren worden wären. Kinder, die heute sehr erwachsen sind, und meistens genug Geld haben, sich bei Amazon den Soundtrack ihrer Jugend zu bestellen. Damit das Leben sich zumindest manchmal wieder so anhört wie damals am See: „Smoke on the Water".

Und vielleicht auch, damit sie sich manchmal wieder an dieses Gefühl einer Kindheit und einer Jugend erinnern, das ein kleiner Text beschreibt, der seit Jahren schon im Netz kursiert. „Wir blieben den ganzen Tag weg und mussten erst zu Hause sein, wenn die Straßenlaternen angingen. Niemand wusste, wo wir waren, und wir hatten nicht mal ein Handy dabei." So war das. „Wir hatten nicht: Playstation, Nintendo 64, X-Box, Videospiele, 64 Fernsehkanäle, Surround-Sound, eigene Fernseher, Chatrooms. Wir hatten Freunde. Wir gingen einfach raus und trafen sie auf der Straße."

Aber die 64er hatten auch ein ganz eigenes Spiel, eine Art Lebensspiel. Der Journalist Joachim Mischke hat das einmal klug die ewige Reise nach Jerusalem genannt. Weil immer mehr Menschen als Stühle da waren. Nicht nur beim Kindergeburtstag bei all den anderen Sabines und Stefans nebenan. Nie wäre jemand auf die Idee gekommen, diese Generation eine Generation Praktikum zu nennen. Weil es damals eigentlich fast unmöglich war, ein Praktikum zu bekommen. Wie denn auch, wenn fast anderthalb Millionen andere Jugendliche des Jahrgangs 1964 auch eines haben wollten, und dazu die Millionen der Jahrgänge davor und danach?

Wer in einem solchen Jahrgang aufwächst, der lernt früh, was Konkurrenz bedeutet, es sind ja nicht nur viele, die ein Praktikum wollen, sie wollen ja auch studieren, arbeiten; und nicht jeder bekommt die Chance, die er verdient. Und doch, es gab eine enorme Zuversicht. „Ich wüsste nicht, dass jemand nicht gut untergekommen ist", hat Ilse Aigner, die Bayerin, einmal gesagt. Sicher, ihre Worte klingen auch nach der üblichen Politikerzuversicht, nach einer kleinen Rede zur Lage der Nation. Aber darum geht es ihr nicht, es geht ihr um ihre ehemaligen Klassenkameraden. Jahrelang hat Aigner die Klassentreffen organisiert, und sicher passt es auch in ihr Weltbild, wenn sie sagen kann: „Alle Mitschüler haben ihren Weg gemacht."

Und es gibt viele, die erfahren haben, dass die große Zahl auch ein großes Glück sein kann. Jan Josef Liefers hat das im Osten Deutschlands erlebt. Wenn man die Geschichte ein wenig zuspitzen möchte, könnte man sogar sagen, dass Liefers vielleicht gar kein Schauspieler geworden wäre, wenn er nicht im Jahr 1964 zur Welt gekommen wäre. Denn selbst die Nationale Volksarmee der DDR wusste nicht, was sie mit so vielen jungen Männern anfangen sollte, also stellte sie die Einberufungen bei einigen von ihnen zurück. Allerdings galt auch: Wer noch nicht bei der Armee gewesen war, der durfte auch nicht auf die Schauspielschule. Plötzlich aber gab es für die geburtenstarken Jahrgänge eine Ausnahme, und so konnte Liefers das Spielen lernen, bevor er zum Militär musste. Als er schließlich doch noch einrücken sollte, im Herbst 1989, zerfiel das Land. Und er blieb einfach auf der Bühne.

Für Kai Diekmann, den Journalisten, der im Westen aufwuchs, auf der anderen Seite der Mauer, war die große Zahl seines Jahrgangs ebenfalls ein Glück. Denn wie will man als *Bild*-Zeitungs-Chefredakteur eine Massenzeitung machen, wenn es keine Massen gibt? Die Frage musste Diekmann sich nicht stellen, er hatte viele 64er hinter sich, und das nicht nur, was die Menge betrifft. Die in den 60er-Jahren Geborenen standen *Bild* weit weniger kritisch gegenüber als die Vorgängergeneration, die sogenannten 68er, die zwar viel weniger waren, aber auf jedem noch so kleinen Stück ihres Lebenswegs größtes Getöse verursachten. Die 68er, die nicht nach ihrem Geburtsjahr, sondern nach dem Jahr ihrer großen Proteste in der Bundesrepublik benannt wurden, haben viele der 1964 Geborenen schwer genervt. Weil die 68er erstens alles besser wussten, immer und überall, und zweitens auch alles besser wissen durften: Denn sie waren ja meistens die Lehrer der 64er. Heute sind sie Rentner, und diejenigen, denen sie damals immer alles so gern erklärt haben, zahlen ihre Rente. Was die 68er jetzt gar nicht mehr spießig finden.

Und auch die Jüngeren merken längst, wie die Jahre vergehen. Wer 1964 geboren wurde, hat schon ein ganzes Zeitalter erlebt, hat das World Trade Center in New York wachsen und fallen sehen, denn die Pläne für die Türme, die die Welt bedeuten sollten, wurden auch im Jahr 1964 vorgestellt. Seit mehr als einem Jahrzehnt stehen die Twin Towers schon nicht mehr an der Südspitze Manhattans, und die Berliner Mauer ist auch schon bald 25 Jahre Geschichte. Pink Floyds „Wall" fiel sogar schon zehn Jahre früher.

„Von meinem Abitur bin ich heute schon weiter entfernt, als ich bei meiner Geburt vom Kriegsende entfernt war", sagt Kai Diekmann zum Beispiel. „Dabei habe ich das Gefühl, ich bin erst ganz kurz hier."

Schon klar, und Nenas „99 Luftballons" fliegen auch noch immer, dabei ist es dreißig Jahre her, dass sie losgelassen wurden. Und einen echten Walkman, den gibt es nur noch bei Ebay, Vintage heißt das dann, netter alter Kram.

„Verdamp lang her." Stimmt, aber war das nicht erst gestern, dieser Abend am See?

Abba

Zwei junge Schwedinnen und zwei junge Schweden, das waren zwei schwedische Ehepaare – und das waren so viele Hits auf der ganzen Welt. Sie hießen Agnetha Fältskog und Björn Ulvaeus, Benny Andersson und Anni-Frid Lyngstad. Sie waren Abba, und in den zehn Jahren von 1972 bis 1982 haben Kinder und Eltern gemeinsam getanzt, wenn die vier Schweden sangen: „Dancing Queen". Abba war für alle da, niemand entkam ihnen, und ohne sie hätten die 70er-Jahre einen anderen Klang gehabt. Dann ließen sich die Paare scheiden. „SOS". Und auch Abba war Geschichte. „Mamma Mia".

Bonanza

Die Cartwrights ritten in die deutschen Wohnzimmer, Vater
Ben, seine Söhne Adam, Hoss und Little Joe. Die Ponderosa
war ihr Zuhause, und die Kinder der 60er-Jahre waren
die Verbündeten dieser Serien-Cowboys. Später, als die 64er
größer wurden, wünschten sie sich ein Bonanza-Rad mit
hohem Lenker. Und ritten darauf durch die deutsche Prärie.

C64

Es war Zufall, dass der Commodore-Computer die gleiche
Zahl trug wie Deutschlands stärkster Jahrgang: 64. Bei der
Bezeichnung ging es um den Arbeitsspeicher, der 64 KB
betrug. Für viele war der C64 der Einstieg in eine neue Welt.
Er kam 1982 auf den Markt, wurde Millionen Mal verkauft.
Ganz demokratisch auch bei Aldi und in der DDR.

Ilse Aigner

* 7. Dezember 1964

Politikerin

Ein Freitagnachmittag am Münchner Flughafen. Ilse Aigner ist gerade aus Berlin gekommen, sie wird das Wochenende in ihrer Heimat verbringen, in Oberbayern. Sie ist entspannt, sitzt in einer Lounge und sieht draußen über dem Rollfeld langsam die Sonne untergehen. Ihr Gesten sind ruhig, ihr Wesen ist, man kann es nicht anders sagen, freundlich und gelassen. Sie redet über Feldkirchen-Westerham, einen Ort etwa 40 Kilometer südlich von München. Es ist der Ort, an dem für sie in den 60er-Jahren der Weg begann – ihr Lebensweg, der sie in die Politik und in ein Ministerium in Berlin führen sollte.

Damals waren die Dörfer, die Gemeinden und die Städte voller Kinder. Erinnern Sie sich daran, Frau Aigner?
Oh ja, als ich in die Schule kam, waren wir 36, 37 Kinder in der Klasse, und wir waren auch noch in der zehnten Klasse so viele. Es war einfach unglaublich. Aber für uns völlig normal.
Heute kann man sich das kaum noch vorstellen.
Ja, aber uns war es eigentlich recht, dass wir so viele waren in der Schule, da haben die Lehrer nicht auf jeden Einzelnen achten können. Ich habe aber auch den Eindruck, dass wir damals vor den Lehrern ein Stück weit mehr Respekt gehabt

haben. Und ich glaube, es gibt noch einen großen Unterschied zu heute: Wenn wir etwas ausgefressen hatten, dann haben unsere Eltern nicht die Lehrer beschimpft, sondern im Zweifelsfall uns – und wir wussten dann auch, dass es nicht ganz ungerechtfertigt war, wenn wir eine Abreibung bekommen haben.

Und doch waren die Kinder früher vielleicht freier als heute.
Ich glaube, dass wir mehr auf uns selbst gestellt waren. Und ich habe oft gedacht, dass das Zutrauen, das unsere Eltern zu uns hatten, unglaublich war. Wir waren ja den ganzen Tag irgendwie draußen. Bis es dunkel wurde, und keiner hat gefragt, wo wir sind. Aber wir wussten auch, dass wir zu einem bestimmten Zeitpunkt wieder zu Hause sein mussten, denn wenn wir dann nicht da waren, haben sich die Eltern wirklich Sorgen gemacht. Und dann hat es gekracht.

Das war die andere Seite.
Sicher, es war schön, dass uns die Eltern jeden Tag so viele Freiheiten gelassen haben, heute sehe ich aber auch, dass sie uns Verantwortung gegeben haben. Es war für uns prägend, dass es nichts umsonst gegeben hat. Wir hatten zum Beispiel wenig Taschengeld, obwohl meine Eltern es sich vielleicht hätten leisten können, mehr zu geben. Aber da hat es immer

geheißen: Wenn du etwas willst, musst du erst Rechnungen austragen, Rasen mähen, Schuhe putzen, solche Sachen halt. Da gab es keine Frage: Wir haben es getan, auch wenn wir das wirklich nicht immer mit großer Freude gemacht haben.

War es nie lästig, dass Sie und die anderen immer so viele waren, im Kindergarten, in der Schule, auf dem Spielplatz, überall?

Nein, ich fand es immer toll, dass wir so viele Kinder waren, wir waren ja vier Geschwister zu Hause, darüber hinaus hatte ich zwei Cousinen, und die Nachbarskinder waren noch mal sechs, und ein paar andere aus der Straße waren auch noch dabei, da war immer was los. Wenn ich mich heute an unser altes Wohnzimmer erinnere, dann frage ich mich, wie das eigentlich alles funktioniert hat, da waren ja nicht nur wir am Nachmittag, da waren auch die Nachbarskinder, da muss es ja immer zugegangen sein, mein Gott, bei dem bisschen Platz. Na gut, das hat sich mit der Zeit auch geändert. Wir sind in ein größeres Haus gezogen. Und ganz allgemein ist der Wohlstand gewachsen.

Das war ja das Ziel, dass es allen in diesem Land immer besser gehen sollte, oder?

Schon. Als wir ein neues Haus gebaut haben, da war ich vierzehn, da hatte ich dann endlich auch mein eigenes Zimmer.

Aber andererseits war es bei uns natürlich eine Selbstver-ständlichkeit, dass ich immer die Klamotten von meinen Schwestern bekommen habe, ich war halt die Jüngste, das hat nur dann nicht mehr geklappt, als die eine Borte unten an der Hose zur Verlängerung nicht mehr ausgereicht hat, da ich von uns Kindern auch noch das größte war. Ich weiß noch, wie stolz ich war, als ich zum ersten Mal eine neue, eine eigene, Jeans bekommen habe.

Sie haben dann schon früh angefangen zu arbeiten, als Lehrling.

Mich eingerechnet, sind damals aus meiner Grundschulklasse nur sechs aufs Gymnasium gewechselt. Es war einfach viel selbstverständlicher damals, dass man eine Lehre machte, das ist heute schon anders. Heute sagen die Leute: Was, du hast kein Abitur? Damals aber waren Realschüler ganz normale Leute, und die haben ganz normale Berufe erlernt. Wie ich, denn ich selbst bin ja vom Gymnasium wieder auf die Realschule.

Alle hatten eine große Zuversicht in dieser Zeit.

Es hat halt allgemein weniger Unsicherheiten gegeben. Sie haben gewusst, wenn Sie Arzthelferin sind, gibt es einen Bedarf für das, was Sie können, ebenso, wenn Sie Handwerker sind. Da hat es keine Probleme gegeben, dass man Angst gehabt hätte, irgendeine Zukunftsangst. Ich habe das zumindest nicht so empfunden.

Dabei waren die Leute so viel weniger vernetzt, ohne Handys, ohne E-Mail und Twitter.

Manchmal fragt man sich ja heute, wie hat das denn damals alles funktioniert? Wie hat man sich verabredet, wie hat man sich gefunden? Aber es war einfach so, dass man sich anders, vor allem konkreter und verbindlicher verabredet hat. An diesem Ort, zu dieser Stunde. Und ich habe es fast als angenehmer empfunden, so wie es früher war, weil es eben persönlicher war. Man hat sich mehr Zeit genommen, auch zum Telefonieren. Heute macht man alles zwischen Tür und Angel, früher zu Hause, da gab es nur das eine Telefon im Flur und einen Stuhl davor, und dann hat man sich hingehockt und geredet, stundenlang gequatscht, oft zum Ärger der Mitbewohner. Oder man ist halt über die Straße gegangen oder mit dem Radl ins nächste Dorf gefahren und hat sich auf einen Kaffee getroffen. Und hat nicht geskypt.

Erinnern Sie sich an Ihr erstes Handy?

Oh ja, das war riesengroß, so ein Prügel, ich weiß meine Nummer heute noch. Ich bin 1994 in München in den Landtag gekommen und habe dann ein Handy gehabt, ich war mit

Sicherheit eine der Ersten, die diese Riesendinger hatten. Ich weiß auch noch, wie die ersten Computer immer abgestürzt sind. Wie langsam und störanfällig diese Technik damals war.

Wissen Sie auch noch, wie es war, nicht erreichbar zu sein?

Es gibt da eine Geschichte aus der Zeit, als ich 18, 20 Jahre alt war, die eigentlich unglaublich ist. Vor allem für meine Eltern. Ich bin mit meiner Schwester durch die Türkei getrampt, wir wollten eine Familie besuchen, die früher bei uns im Ort gewohnt hat, Gastarbeiter in Bayern. Die haben wir in der Türkei aber irgendwie verpasst, nicht angetroffen. Das war eigentlich nicht so ein Problem, es wurde aber plötzlich schwierig, weil wir unseren Eltern gesagt hatten, wir rufen nur dann zu Hause an, wenn es Probleme gibt. Jetzt aber hatte die türkische Familie, was wir nicht wussten, bei unseren Eltern angerufen und gesagt, dass wir nicht angekommen seien, am Schwarzen Meer. Dann machten sich meine Eltern natürlich Sorgen, sie wussten ja nicht, wo wir waren. Und wir riefen nicht an. So waren wir für unsere Eltern vierzehn Tage nicht auffindbar. Kein Mensch hat gewusst, wo wir sind. Wir waren aber putzmunter.

Wie haben die Eltern reagiert, als sie gesund zurückkamen?
Sie haben nichts gesagt, sich ihre Sorgen nicht anmerken lassen. Erst Jahre später haben sie uns gestanden, dass sie große Sorge hatten, weil sie nicht gewusst haben, wo wir die ganze Zeit waren. Das kann man sich heute nicht vorstellen, heute würden die Eltern wohl Interpol einschalten. Die Eltern haben ein Zutrauen zu uns gehabt, unglaublich. Sie haben gedacht, wenn wirklich irgendwas ist, die melden sich schon.

Heute sind alle mit allen ständig irgendwie in Verbindung, solche Freiräume wie früher gibt es gar nicht mehr.
Stimmt, und die Art und Weise, wie man kommuniziert, dieses Hinhauen von Nachrichten in Sekunden, dieses fast schon Rotzige, die schlampige Rechtschreibung. Ich bin leider auch schon recht nachlässig geworden, und dann dieses dauernde auf cc setzen bei E-Mails, jeden und alle auf cc setzen. Diese Informationsflut führt nicht zu einer besseren Qualität von Kommunikation. Früher, wenn man einen Brief geschrieben hat, hat man sich hingesetzt und sich Zeit genommen, hat vielleicht auch mal Gedanken vorgeschrieben, bevor man sie endgültig aufgeschrieben hat, das macht doch heute keiner mehr. Es ist oberflächlicher geworden, aber andererseits auch viel einfacher, das muss man eben auch sagen.

Wieso sind die 64er, wieso ist diese Generation eigentlich nicht so stark in der Politik vertreten, wie man es bei der Größe dieser Jahrgänge erwarten müsste?

Vielleicht, weil die Leute meiner Generation alle so gut beschäftigt waren außerhalb der Politik, so gute Chancen hatten in ihren Jobs, in der Wirtschaft. Vielleicht war es auch so, dass diese Generation eine ganz andere ist als die ältere, die immer noch vieles bestimmt. Das Politisierende der 68er-Generation ist ja weggefallen. Das, was vor uns war, das ist vielleicht eine Erklärung dafür, weil man all die Alt-68er gesehen hat, die einem schon als Lehrer in der Schule auf die Nerven gegangen sind, sodass dann viele von uns vielleicht keine Lust mehr auf Politik hatten. Ich habe mich zunächst auch nicht für politische Theorien interessiert, Sozial- und Wirtschaftskunde hat mich nie so gereizt, das habe ich – ehrlich gesagt – geschwänzt, indem ich in diese Zeit immer meine Schülermitverwaltungssitzungen gelegt habe. Praktische Politik war das, die lag mir näher.

Sich mit den Verhältnissen arrangieren zu können, war das nicht auch der Unterschied zu den 68ern?

Ich habe das zumindest so erlebt, dass unsere Generation sehr pragmatisch ist, weniger ideologisch. Dieses Blockdenken war langsam weg, der Kalte Krieg war ja schon lange kalt.

Die Mauer, die stand auch schon vor unserer Geburt. Wir haben es nicht anders gekannt, und vielleicht auch irgendwie akzeptiert.

Was war das wichtigere Ereignis in Ihrem Leben, der Mauerfall 1989 oder der 11. September 2001?
Natürlich der Fall der Mauer, die europäische Einigung, mich hat das wirklich geprägt. Ich war als Schülerin vor dem Mauerfall mit meiner Schwester in Berlin und bin am Potsdamer Platz an der Mauer entlanggelaufen, bin da am Reichstag und am Brandenburger Tor vorbei, und ich habe die Vopos noch mit den Maschinengewehren im Anschlag gesehen und eine Heidenangst gehabt. Das hat sich mir sehr stark eingeprägt. Und dass ich dann genau an der Stelle, an der Ostseite des Reichstags, als frei gewählte und wiedergewählte Abgeordnete in das neue Parlament im vereinten Deutschland einziehe, in den Bundestag ... Wie ich da das erste Mal reingegangen bin, habe ich gedacht, das gibt's nicht, das ist noch gar nicht so lange her, dass hier die Leute mit den Gewehren standen, und jetzt kann ich da reingehen.

Und der 11. September?
Der hat mich bewegt, die Schicksale der Menschen vor allem, aber es hat mich anders berührt als der Mauerfall.

25 Jahre ist das bald her, der Mauerfall. Damals waren Sie jung, es war die Hälfte des Weges bisher. Haben Sie eigentlich Angst davor, 50 zu werden, nächstes Jahr?

Selbstverständlich nicht. Wahrscheinlich hat die 50 heute auch nicht mehr so eine Bedeutung wie früher. Aber ja, man ist jetzt definitiv nicht mehr bei den Jungen, das merkt man schon.

Und dann?

Meine Erwartung ist sicher nicht so, dass ich in der Politik bleibe, bis ich 70 bin. Auch wenn man niemals nie sagen sollte. Aber ich will da schon noch was vom Leben haben, ich habe ja nun keine eigenen Kinder, aber ich habe mir gedacht, später, wenn meine Nichten und Neffen mal Kinder haben, dann mache ich einen Privatkindergarten auf für die ganze Bagage. Das wird sicher eine Mordsfreude.

Thomas und Sabine
Kinder ohne komplizierte Namen

Thomas und Sabine

Gehen wir zurück zu den Anfängen, zu einem noch warmen Herbsttag im Jahr 1964, zurück in die Abendstunden in einer westdeutschen Großstadt. Sagen wir Köln, es könnte auch Hamburg sein oder München.

Es ist ein Abend, an dem die Sonne noch zu sehen ist, sie steht zwar schon tief, aber sie leuchtet auf den Strom der Autos, die in vielen Spuren stadtauswärts fahren. Drinnen sitzen die Väter, sehr wenige Mütter, sie fahren nach Hause in die Vororte, in die Vorstädte. Sie fahren zu ihren Kindern. Sie sitzen in einem weißen VW-Käfer oder in einem hellblauen Variant, so hieß damals der große Kombi von Volkswagen, sie sitzen in einem BMW 1600 oder in einem Opel Kadett.

Sie stehen im Stau und beobachten sich, betrachten ihre Autos. Hinten auf der Scheibe des Käfers klebt ein kleiner Aufkleber: „Thomas an Bord, Sabine an Bord."

Auf der Scheibe des hellblauen Variants klebt: „Thomas an Bord, Sabine an Bord."

Hinten auf dem BMW klebt: „Susanne an Bord, Michael an Bord."

Und hinten auf dem Kadett steht: „Martina an Bord, Andreas an Bord."

Und am nächsten Auto wieder: Sabine, Thomas.

Am übernächsten: Susanne, Michael, Thomas, Sabine, Susanne, Michael ...

So war das nicht? Nein, so war es wirklich nicht. Zumindest stimmt ein Teil dieser Geschichte nicht. Glücklicherweise.

Mitte der 60er-Jahre wäre es den Eltern in Deutschland nicht im Traum eingefallen, die Vornamen ihrer Kinder hinten auf die Autos zu kleben. Das kam später, viel später. Aber der andere Teil der Geschichte stimmt: Thomas und Sabine waren die beliebtesten Vornamen des Jahres 1964 in der Bundesrepublik, Zehntausende Jungen und Mädchen trugen sie. Auf dem 2. Platz lagen Susanne und Michael, dann kamen Martina und Andreas, kurz gefolgt von Andrea und Stefan, oder Stephan, wenn es katholisch sein sollte. Und selbst auf Platz 10 lagen noch so gewöhnliche Namen wie Kerstin und Jens, kurz vor Silke und Jörg.

So hießen die Kinder zwischen Hamburg und München, zwischen Aachen und Hannover, so hießen sie ganz selbstverständlich. Und schon deshalb wäre es völlig unsinnig gewesen, sich die Namen der 64er hinten aufs Auto zu kleben. Weil es ja eben nicht um Individualisierung mit südamerikanischen Doppel-Vornamen ging („Hörst du mir zu, Diego Leon?"), sondern darum, dass man mit einem normalen Vornamen ganz normal dazugehören wollte, in der deutschen Angestelltenwelt der 60er-Jahre.

Außerdem waren Kinder eine Selbstverständlichkeit, und sich den Namen von etwas ganz Selbstverständlichem hinten auf das Auto zu kleben, wäre in etwa so sinnvoll gewesen wie der Aufkleber: „Vier Räder am Auto". Oder: „Einfamilienhausbesitzer an Bord".

Thomas und Sabine, das war sogar noch mehr als eine Selbstverständlichkeit, es waren nahezu erdrückend beliebte Namen. Thomas und Sabine nahmen von 1957 bis 1966 durchgehend die Spitzenplätze bei den bundesdeutschen Vornamen ein (nur 1959 lag Michael knapp vorne).

Vielleicht hat man erst viel später verstehen können, was diese so unspektakulären Namen wie Thomas und Sabine, wie Susanne und Michael bewirkt haben, diese Namen, die ja jeder trug, in der Stadt und auf dem Land. Sie machten die Menschen in einer unkomplizierten Weise gleich, sie stellten ganz selbstverständlich das her, was später umständlich konstruiert werden musste: eine gewisse Chancengleichheit, die zu Beginn des neuen Jahrtausends zum Beispiel durch Bewerbungsschreiben ohne Namen oder Foto gesichert werden sollte.

Mal abgesehen davon, dass damals die Chancen für Thomas besser standen als für Sabine – kein Personalchef musste sich überlegen, ob er nun Sabine oder Celina Chantal, ob er Thomas oder Torben Lennox einstellen wollte.

Der Vorname als großer und grober Versuch der Individualisierung und manchmal noch größerer Peinlichkeit, das kam später.

Aber damals standen plötzlich auch Hakan auf dem Schulhof und Giuseppe; und Thomas und Sabine war klar, dass in ihrem Land etwas passiert war. Hakan und Giuseppe dagegen war klar, dass vor allem in ihrem Leben etwas ganz Neues passiert war, dass ihre Eltern sie mit ins Thomas-und-Sabine-Land genommen hatten. Ohne sie zu fragen.

Wenn Hakan, der junge Türke, Glück hatte, kam er 1970 in eine deutsche Grundschule, wo er nicht lange Hakan genannt wurde. Nicht, dass das kein schöner Name wäre, es ist ein stolzer sogar. Aber wenn Hakan von Thomas und Sabine Hacki genannt wurde, dann hatte er es geschafft. Denn Spitznamen verbinden. Und wenn Giuseppe, der Italiener, seinen Mitschülern Susanne und Michael erzählte, dass sie ihn zu Hause in Sizilien nur Pippo genannt hatten, dann durfte er hoffen, dass sie das in Bonn und Bremen auch lustig fanden. Meistens war es so. Denn damals waren die ungewöhnlichen Vornamen ja auch noch etwas Bedeutendes, Abenteuerliches. Giuseppe, das klang nach Süden, nach den großen Ferien am Meer. Pippo erst recht.

Damals waren es vor allem Intellektuelle und Revolutionäre, die ihren Kindern in Deutschland seltsam schöne Namen gaben, so wie Rudi und Gretchen Dutschke 1968 ihren erstgeborenen Sohn Hosea Che nannten, 1964 war aber daran noch nicht zu denken. Da hatte die normale deutsche Familie ja gerade gut dreißig Jahre „Hans" hinter sich.

Und war Sabine nicht ein wunderbarer Name? So wunderbar normal, dass die nicht ganz so normalen Musiker der Band Trio im Jahr 1981 das hohe Lied auf Sabine sangen. „Sabine, Sabine, Sabine". Damals war Sabine aus dem Geburtsjahr 1964 siebzehn, Trio sprach sie so aus: „Sabin, Sabin, Sabin."

Und der Text ging so:
„Hallo Sabine
(Sabine Sabine Sabine Sabine Sabine)

äh, wie geht's na

paß mal auf

(Sabine Sabine Sabine Sabine)

ja, is im Radio

und äh, die hatten diese Musik im Radio

und äh, da mußt' ich natürlich an dich denken

(Sabine Sabine Sabine)"

Und so weiter und so weiter. Eine bessere Verbindung der Neuen Deutschen Welle und der Namen der 60er-Jahre hat es wohl nie gegeben. Die Musik, die Thomas später machte, Thomas Anders von Modern Talking, war da schon schon schwieriger.

Wer noch genauer wissen will, was die deutschen Namen bedeuten und was die Eltern umtreibt, wenn sie ihren Kindern diese Namen geben, der sollte einmal in die deutsche Provinz fahren, in ein kleines Dorf in der Nähe von Göttingen. Dort sitzt ein Mann an seinem Schreibtisch, der den beliebten Vornamen Jürgen und den eher seltenen Nachnamen Udolph trägt. Er ist ein bekannter deutscher Namensforscher und auch ein Freund der klaren Sätze, der überraschenden Meinung.

„Kindesmisshandlung beginnt gelegentlich schon bei der Vergabe des Vornamens", sagt Jürgen Udolph und lässt diese Einsicht ein wenig nachklingen. Doch dann gibt er Entwarnung. Bei den 64ern war das noch nicht so. „Damals hat diese Individualisierung über Vornamen nicht so eine große Rolle gespielt", sagt Udolph. Und er sagt damit auch, dass die Eltern der 64er nach seiner Meinung eigentlich alles richtig gemacht haben. Zumindest haben sie Udolphs wichtigsten Ratschlag beherzigt: „Liebe Eltern, versucht aus euren Kindern etwas Besonderes zu machen, aber gebt ihnen einen normalen Namen."

Nicht alle handeln danach. Udolph kennt die Namensspielereien der Nachgeborenen nur zu gut. Er hatte in Leipzig eine Professur für Namenkunde, es ist also kein Zufall, dass er von Eltern weiß, die ihr Kind so gerne „Bämmela" nennen wollten, sächsisch für Pamela. Oder der Fall des kleinen Jungen, der von sich sagte, er hieße „Iffes".

„Iffes"? Nun ja, er dachte, sein Name spreche sich so aus, seine Eltern dachten es auch, dabei hieß er ganz einfach Yves. Das sind sicher heftige Ausnahmen, aber sie geben dennoch einen Hinweis auf etwas, das weit über die Namen hinausgeht. Auch in den 60ern gab es sicherlich Eltern, die für den französischen Schauspieler Yves Montand schwärmten, und es gab Eltern, die damals schon Mick Jagger von den Rolling Stones verehrten. Aber wohl kaum einer von ihnen wäre auf die Idee gekommen, ihren Sohn Mick oder Yves zu nennen. Schon gar nicht Iffes. „Es gab überhaupt weniger Namensdesign, kaum Zweitvornamen, und damals wusste man auch noch, wie die Namen geschrieben werden", sagt Jürgen Udolph.

Was hat sich da verändert, wieso heißen Kinder heute Luca Leon oder Celine Kimberley?

Sicher, Konventionen sind verloren gegangen, und jeden Jungen schlicht Thomas und jedes Mädchen einfach Sabine zu nennen, wäre auf Dauer vielleicht auch keine Lösung gewesen. Aber es geht heute um mehr, wenn Eltern ihren Kindern derart ambitionierte Namen geben. Und es hat auch etwas mit den Millionen Kindern der 60er-Jahre zu tun, oder besser gesagt: damit, dass es keine Millionen Kinder mehr gibt in diesem Land.

Für Jürgen Udolph, den Namensforscher, ist die Sache klar: „Die meisten Eltern glauben, wenn sie ihrem Kind einen besonderen Namen geben, das könnte ihm helfen. Oft schlagen sie über die Stränge, und das war bei der Generation der 1964 Geborenen noch nicht so. Dass es heute so ist, liegt auch daran, dass wir nicht mehr so viele Kinder haben. Paare bekommen oft nur noch ein Kind, darauf konzentriert sich dann alles, deshalb müssen sie sich auch für den Namen etwas ganz Besonderes einfallen lassen."

Oft reicht aber selbst der eine ausgefallene Name für das Einzelkind noch nicht. Auch nicht in den bürgerlichen Familien der Sophia Isabelles, der Konstantin Maximilians. Jürgen Udolph hat das beobachtet. Er sagt: „Dann gibt es eine Flut von Vornamen für ein einzelnes Kind." Und auch das hängt wieder damit zusammen, dass ein Kind als solches heute noch wertvoller erscheint denn je, in einer Zeit, in der die Geburtenraten des Jahres 1964 nie wieder erreicht wurden. „Dann denkt man vielleicht, man könne mit mehreren Vornamen den Wert des Kindes noch weiter erhöhen." Bei einem Autokauf würde man sagen: Das ist definitiv der Wunsch nach Sonderausstattung.

Immerhin muss man den heutigen Eltern zugutehalten, dass sie einfach weniger Möglichkeiten haben, Vornamen zu vergeben, weil sie ja weniger Kinder haben. Also muss ein Kind heute oft mit mehreren Ideen der Eltern leben. („Nicht wahr, Alisha Sara Estelle?")

Es gibt mittlerweile auch viele wissenschaftliche Untersuchungen darüber, ob – und wenn ja, welche – Vornamen Kindern auch schaden können. Besonders bekannt geworden ist eine Studie der Universität Oldenburg, die, kurz gesagt, erläuterte, dass Jungen mit dem Namen Kevin es oft nicht so einfach in der Schule haben. Jürgen Udolph aber sagt, dass der Name allein nicht die Ursache ist – sondern möglicherweise die Familie von Kevin. Dass vielleicht Eltern, die ihre Kinder Kevin nennen, eher nicht zum Bildungsbürgertum gehören, und die Söhne es deshalb schwerer in der Schule haben. Es wäre aber auch nicht anders, wenn diese Eltern ihren Sohn Wilhelm Alexander genannt hätten. So kann man argumentieren. Man kann mit den neuen, leicht schrägen Namen, die ein 64er-Kind nie getragen hätte, aber auch eine Menge Spaß haben.

Das sieht man an dem in Deutschland so erfolgreichen Blog mit dem schönen Namen „Chantalismus". Der Untertitel dieses Forums im Netz lautet: „Achtung – Kinder mit schlimmen Namen an Bord." Tag für Tag fotografieren hier Menschen die Aufkleber auf den Autos anderer Menschen. Oder sie kopieren Geburtsanzeigen mit sehr kreativen Namen. Es ist schon lustig, all die Erik-Odins und Angelina-Cocos auf den Rücksitzen der deutschen Kombis auszumachen. Und wahrscheinlich sind es die Frauen und Männer, die Thomas und Sabine heißen, die sich diesen Spaß machen im „Chantalismus"-Blog.

Sie posten dann etwa die schönsten Namen aus der „Wahl zum Wonneproppen 2012" eines Anzeigenblattes in Sachsen-Anhalt. Kandidaten sind zum Beispiel diese Kinder: Vin Marvin, Logan Erik, Alisa Milane, Mia Joleen Odine, Elias Joel, Maddison Rose, Lennox Chester, Jayden Dean Roman, Joel Silvio und Ryan Marco Heiko.

Thomas und Sabine klingen dagegen nach Steinzeit. Dabei ist das alles noch nicht einmal 50 Jahre her. Oder sind es nicht doch Jahrtausende?

Jürgen Udolph hat sich einmal die Mühe gemacht, die Vornamen der 64er etwas genauer anzusehen. Udolph vermutet, dass auch damals die Eltern nicht so viel über den Ursprung der Namen wussten, die sie ihren Kindern gaben. „Aber es waren alles Namen, die etwas mit dem Christentum oder dem Altertum zu tun hatten", sagt der Namensforscher. „Thomas ist Christentum, Michael ist Christentum, Andreas ist Christentum, Stefan ist Christentum, Peter ist Christentum, Matthias ist Christentum – und Christian natürlich erst recht."

Und so gibt es bei all den Unterschieden zwischen Sabine und Chantal, zwischen Thomas und Leon doch noch Konstanten in der Vornamensgebung zwischen 1964 und heute. Denn neben den Phantasienamen ist der Trend zum Christentum, zum Altertum ja auch immer noch da. „Ben und Lukas zum Beispiel sind beliebt", sagt Jürgen Udolph. „Paulus kommt auch wieder, Jonas, und das ganze alte Testament läuft auf." Irgendwann wird wahrscheinlich auch der kleine Hiob die Spielplätze in Berlin-Mitte mit schlechten Nachrichten überziehen. („Hör' da gar nicht hin, Maximilian Sylvester.") Aber so weit ist es noch nicht.

Die 64er selber, Thomas und Sabine zum Beispiel, waren als Eltern übrigens eher konservativ. Nehmen wir einmal an, sie bekamen mit 30 Jahren eine Tochter oder einen Sohn, dann war das im Jahr 1994. In jenem Jahr standen Julia und Jan unangefochten an der Spitze der Vornamenlisten. Jan allein dominierte die 90er bei den Jungs.

Doch schon 1991 gab es eine bemerkenswerte Ausnahme. In diesem Jahr war plötzlich Kevin der beliebteste Vorname für Jungs in Deutschland geworden, Jan eroberte sich seinen Spitzenplatz zwar wieder zurück, aber damals tauchten auch schon die ersten Leons und Robins auf. Es war eine Zeit des Übergangs. Kevin Kostner war in Deutschland berühmt geworden, und nicht nur da; sein Name gefiel, er war großes Kino in jeder kleinen Wohnung. Und dann gab es ja vor allem noch den Achtjährigen aus „Kevin – Allein zu Haus". Seine

Eltern hatten ihn auf dem Weg in den Weihnachtsurlaub in einem Vorort von Chicago vergessen, und er meisterte alles ganz wunderbar. Wer wollte da keinen Kevin haben?

Und doch: Viele, die in den 70er-Jahren groß geworden waren, hatten noch den Klang eines ihrer bekanntesten Kinderbücher im Ohr: Es war die Reihe „Jan und Julia", ein Bestseller. Und so sollten auch ihre Kinder heißen, Namen wie in der guten alten Zeit.

Wenn Thomas und Sabine schon 35 waren, als sie Kinder bekamen, wenn sie also im Jahr 1999 Eltern wurden, dann nannten sie ihren Sohn mit größter Wahrscheinlichkeit immer noch Jan. Ihre Tochter aber Sarah. Wobei: Auch Julia blieb beliebt. So schnell ließ sich die eigene Kindheit nicht abstreifen. Denn in den Namen steckt ja eine ganze Welt. Manchmal kann man sie sogar mit Namen erklären, und wenn nicht die Welt, dann doch Deutschland.

Das zeigt auch ein schönes Experiment der Werbeagentur Jung von Matt. Die Werbeleute stellen sich selbstverständlich ständig vor, wen sie mit ihren Anzeigen, Spots und Kampagnen ansprechen wollen. Und grundsätzlich gilt natürlich, dass sie möglichst viele erreichen wollen, am besten: die Meisten.

Also haben sie sich überlegt, wer denn die Meisten sind und wie die Meisten wohnen. Als ihnen das nach einigen Umfragen und Beobachtungen klar war, haben sie in ihrer Agentur in Hamburg so ein typisches Wohnzimmer nachgebaut, bis in die Details. Dort, auf einer hellen Couchgarnitur, vor einer hellen Schrankwand mit einem großen Fernseher, lebt ein Mann aus dem Jahrgang 1964 mit seiner Frau aus dem Jahrgang 1967 (im Durchschnitt sind Frauen in Deutschland etwa zwei bis drei Jahre jünger als ihre Ehemänner) und ihrem gemeinsamen Sohn. Der Mann heißt selbstverständlich Thomas, seine Frau heißt Claudia – der Name war 1967 am beliebtesten. Und ihr Sohn heißt, wie kann es anders sein, Jan.

Der Mann, den die Werber von Jung von Matt Thomas genannt haben, fährt übrigens einen VW Passat, so wie sein Vater wohl einen VW Variant gefahren hat. Er interessiert sich für die Formel 1, würde aber niemals den Namen seines Sohnes auf die Heckscheibe des neuen Autos kleben. Manchmal surft Thomas nachts im Netz. Neulich hat er da einen Aufkleber gesehen, der ihm gefallen hat. „Kein Kind mit blödem Namen an Bord", stand darauf. Vielleicht nimmt er den. Claudia, seine Frau, fände das sicher witzig. Und Sabine, seine Nachbarin, die vielleicht noch ein bisschen mehr.

Dolby

Wer das Wort Dolby hört, hört sofort wieder den alten Sound, die Musik vom Kassettenrecorder, den leicht dumpfen Ton der New-Wave-Stücke, die zur gleichen Zeit bekannt wurden wie die Dolby-Technik. Eigentlich ist es nur eine Rauschunterdrückung, die Musik von der Kassette klingt besser, aber alles hört sich auch ein bisschen so an wie in Watte gepackt. Ray Dolby, der Erfinder, hatte den Kampf gegen Nebengeräusche schon Mitte der 60er aufgenommen. In den 80ern wurde das Dolby-Verfahren so populär, dass der britische Musiker Thomas Morgan Robertson sich sogar danach benannte: Thomas Dolby.

Ente

Für die Franzosen ist es einfach ein „Deux chevaux", ein kleiner Citroën mit Rolldach und freistehenden Kotflügeln. Die Deutschen nennen dieses Auto Ente, und hierzulande hat sie stets ein Hauch von Intellektualität umweht. Ein langsamer, lustiger Wagen für Schüler, Studenten und Kunstlehrer. Und ein Auto mit Seele: Als die Deutschen in den 80ern das große Waldsterben fürchteten, verkauften ihnen die Franzosen ganz mitfühlend eine Sonderserie der Ente: „I fly bleifrei".

Caroline Link

* 2. Juni 1964

Regisseurin

Ein Frühsommermorgen in München. Vor dem Stadtcafé am Jakobsplatz sitzen schon ein paar Leute in der Sonne. Caroline Link kommt mit dem Rad, trägt Jeans, ein blaues Hemd, Ray-Ban-Sonnenbrille. Sie geht nach hinten in den Innenhof, zu einem Tisch in der Sonne. Sie ist bereit für eine kleine Zeitreise. Nach dem Gespräch sieht sie, dass ihr Fahrrad einen platten Vorderreifen hat. Sie regt sich nicht auf, sie schiebt das Rad einfach nach Hause. So wie es auch alle Kinder Anfang der 70er gemacht hätten.

Frau Link, Sie haben einen schönen Namen, Caroline, einen nicht ganz gewöhnlichen Namen für die 60er-Jahre. Ist Ihnen das damals aufgefallen?
Ja, wir haben schon mal darüber geredet. Meine große Schwester, die anderthalb Jahre älter ist als ich, heißt ja Beatrice. Mein Vater war bei diesen Namen die treibende Kraft ...
Prinzessin Caroline, Prinzessin Beatrix, nahezu adelige Vornamen waren das ...
Stimmt, aber ich glaube nicht, dass das der Grund war. Meine Eltern waren sehr junge Leute, als wir Schwestern zur Welt kamen, eigentlich gerade erwachsene Kinder. Mein Vater hat meiner Mutter von einer Freundin erzählt, von Beatrice, die er

mal in Spanien kannte und in guter Erinnerung hatte. Deshalb hieß das erste Kind so.

Und warum Caroline?

Kann schon sein, dass meine Mutter gesagt hat, jetzt darf ich mir mal was aussuchen und vielleicht hat Caroline von Monaco wirklich etwas damit zu tun gehabt, in dieser Zeit. Auf jeden Fall wollten sie beide diese ambitionierten Namen. Vielleicht war es auch der Versuch, etwas von der großen weiten Welt in diese hessische Kleinstadt, nach Bad Nauheim, zu bringen.

Eigentlich doch ein schöner Versuch, wenn man bedenkt, dass die Mehrheit der Mädchen Ihres Jahrgangs Susanne und Sabine hießen. Da waren die Ideen Ihrer Eltern deutlich unkonventioneller.

Ja, aber meine Schwester heißt mit zweitem Namen Sabine. Beatrice Sabine Link.

Die Verbindung des Besonderen mit dem Beliebten.

Wahrscheinlich war es so, wie immer in der Beziehung meiner Eltern: Mein Vater hat sich durchgesetzt, mit Beatrice. Und meine Mutter fand auch Sabine schön.

Der beliebteste Jungenname des Jahres '64 war Thomas.

So hieß auch der erste Junge, den ich geküsst habe.

Das war ziemlich wahrscheinlich.

Ja, genau. Den habe ich kennengelernt in der Tanzschule, mit 14, in den habe ich mich richtig verknallt.

Haben Sie den Eindruck, dass der Name Caroline Ihr Leben positiv beeinflusst hat?

Ich habe mir, ehrlich gesagt, über meinen Namen nicht so viele Gedanken gemacht. Aber irgendwann habe ich dann doch darüber nachgedacht, warum meine Eltern diese Namen ausgesucht haben, vor allem auch Beatrice. Meine Mutter kommt ja aus Leipzig, und diese Namen sind ja ein bisschen so wie die Sehnsuchtsnamen, die viele Eltern ihren Kindern in der DDR gegeben haben, um etwas von der Welt hereinzuholen ins Land. Mein Vater war sehr viel in der Welt unterwegs, und wir, die beiden Töchter, seine junge Familie, haben ihn eigentlich zurückgezwungen, er wäre ja gerne noch länger in Amerika geblieben, wo er in Restaurants als Koch und Kellner gearbeitet hat, auch in Spanien.

So hatte er mit Ihrem Namen und dem Ihrer Schwester die Welt immer um sich.

Das kann schon sein, dass er es anders machen wollte als diejenigen, die immer zu Hause geblieben sind.

Auf jeden Fall hat er eine gute Wahl getroffen.

Danke, meine Eltern wollten eigentlich, dass der Name französisch ausgesprochen wird, also Caroline geschrieben, aber Carolin gesprochen. Aber natürlich sagen alle Caroline, vielleicht wäre das andere auch irgendwie affig.

Sie haben Ihre Tochter Pauline genannt. War das eine Entscheidung, über die Sie und der Regisseur Dominik Graf, Paulines Vater, lange nachgedacht haben?

Das war lustig, das hat mein Vater nicht verstanden, wieso ich einen so altmodischen Namen für mein Kind ausgesucht habe, wie er fand. Was hat er nochmal vorgeschlagen? Nadelle – oder irgend so einen Kram hat er dann wieder ausgepackt.

Was verbindet sich denn für Sie mit dem Namen Pauline?
Als ich schwanger war, sind Dominik und ich öfter auf dem Friedhof spazieren gegangen, weil es bei uns in der Nachbarschaft, im Münchner Stadtteil Au, keinen richtigen Park gibt. Und da haben wir Grabsteine angeschaut und Namen studiert, weil wir uns auf keinen Namen einigen konnten. Auf einem Grabstein stand der Name Pauline Rosine. Und den fanden wir total lustig und haben den an den Kühlschrank gehängt, weil wir irgendwie dachten, unser Kind könnte so eine Pauline Rosine sein. Dann haben alle gesagt, das könnt ihr doch nicht machen: Pauline Rosine. Also haben wir Pauline genommen, und ich finde, die Pauline ist eine totale Pauline.

Den einzelnen Jahrzehnten der Bundesrepublik kann man relativ klar die beliebtesten Vornamen zuordnen, funktioniert so etwas auch mit Farben oder Bildern in Ihrer Erinnerung?

Es sind eher Erlebnisse als Farben. Ich kann mich erinnern an die Kindergartenzeit, ich war in einem sehr konservativen Kindergarten. An einem Faschingsmorgen, als ich mich als Pilz verkleidet hatte, und meine Mutter mir mit rotem Lippenstift Herzchen auf die Wange gemalt hatte, da hat mir die Kindergärtnerin die Herzchen mit einer solchen Brutalität wieder von der Wange gerubbelt. Das hat mich total beeindruckt. Meine Mutter hatte sich so eine Mühe gegeben, und die Kindergärtnerin fand das falsch, Kinder im Gesicht zu schminken.

Auch so waren die 60er- und frühen 70er-Jahre noch, oder?

Ich habe in Bad Nauheim wenig gespürt von einer gesellschaftlichen Aufbruchstimmung. Ich war umgeben von konservativen Lehrern und konservativen Familien.

Und wie waren Ihre Eltern? Auch konservativ?

Meine Eltern waren eher eine Ausnahmeerscheinung in der Kleinstadt. Meine Mutter war eine liebe, brave Frau, mein Vater aber war einer, der schon einmal in einer anderen Welt, schon einmal draußen gewesen war. Allein durch die Musik, die er gehört hat, hat er einen anderen Spirit in unser Haus gebracht.

Was hat er gehört?

Er war lange in Amerika und hat dort viele Platten gekauft. Dusty Springfield, The Platters, Soul, Motown-Sachen.

Hat Ihnen das gefallen als Kind?

Und wie. Als mein Vater gestorben ist, haben wir bei seiner Beerdigung die Musik von seinen alten Platten gespielt, meiner Schwester und mir schossen sofort die Tränen in die Augen. Das war so sehr mein Vater, Dusty Springfield, diese Musik.

Wie hieß er denn?

Jürgen.

Auch ein Name, der für eine Zeit steht. Von Mitte der 30er- bis Mitte der 50er-Jahre gehörte er zu den beliebtesten Vornamen. Seine Eltern hatten eher konventionell gewählt.

Aber er war ein ziemlich extrovertierter Mann, trug immer Lacoste-Hemden, wenn auch mit Löchern. Er ist in der Kleinstadt oft angeeckt, er hat sich nicht nur Freunde gemacht mit seiner Art, weil er sehr direkt und provokativ war, nicht politisch provokativ, eher im Alltag.

Haben Sie die Zeit in Bad Nauheim schwarz-weiß oder bunt in Erinnerung?

Bunt. Auf jeden Fall. Wir waren ja auch immer so bunt angezogen, ich habe meine samtene, rote Schlaghose geliebt. Und ein quietschgelbes, rückenfreies Kleid. Es war alles sehr farbenfroh und sonnig in der Erinnerung, dabei war das Wetter bestimmt nicht besser als heute.

Aber irgendwie war man doch mehr im Freibad, oder?

Klar, das war ein ganz wichtiger Ort. Auch um Jungs zu sehen. Ich war nicht so frühreif, eigentlich habe ich erst mit vierzehn angefangen, mich für Jungs zu interessieren, wobei ...

Wobei?

Ich habe das so in Erinnerung, ich denke aber, das stimmt gar nicht. Wann kam denn dieser Film raus „Her mit den kleinen Engländerinnen"? Ich glaube, der kam '75, da war ich elf, und da bin ich, glaube ich, fünf Mal reingegangen. Den fand' ich ganz toll, und im Grunde war das ein Knutschfilm, eine französische Komödie über französische Jungs, die zum Englischlernen nach England fahren. Da war ich elf, so alt wie meine Tochter jetzt, die sich noch null für Jungs interessiert. Aber da habe ich das Thema Liebe anscheinend schon interessant gefunden.

Was war denn der erste Film, den Sie gesehen haben?

An die Kinderfilme kann ich mich nicht so genau erinnern, aber ich habe dann mit meinem Vater und meiner Schwester „Love Story" gesehen, da sind wir extra nach Frankfurt gefahren, um den anzuschauen. Der kam 1970 ins Kino, da war ich erst sechs.

Trauriger Film für eine Sechsjährige.

Ja, da durften Sechsjährige eigentlich gar nicht rein. Aber der Film hat mich nachhaltig beeindruckt, die Liebesgeschichte, aber auch der Tod von Ali MacGraw am Ende. Mein Vater hat uns einfach mitgenommen, weil er den Film unbedingt sehen wollte. Ich aber war auch stolz darauf, dass er uns das zutraute. Als wir nach Frankfurt fuhren, dachte ich: cool, ohne Mama, nur meine Schwester, der Papa und ich, gehen jetzt in so 'nen Film.

Die frühen 70er-Jahre waren ja nicht nur eine Zeit der warmen Farben, sondern auch eine Zeit der großen Zuversicht.

So war das auch bei meiner Familie, bei meinen Eltern, die aus einfachen Verhältnissen kamen und früh arbeiten gegangen sind. Aber alles, was meine Mutter jetzt noch hat, die Reste eines angenehmen Wohlstandes, haben sie sich von 1970 bis 1977 aufgebaut. Nachdem sie eine kleine Kneipe hatten, haben sie sich ein Restaurant zugetraut, haben das auch gewuppt und konnten sich eine tolle Wohnung in Bad Nauheim kaufen.

Wie war das für Sie und Ihre Schwester, diese Zeit, in der Ihre Eltern so viel gearbeitet haben?

Wir waren eigentlich immer allein zu Hause, es gab einen freien Tag in der Woche für meine Eltern, und Weihnachten war auch frei. Ich frage meine Mutter manchmal auch: Wie konntest du es übers Herz bringen, uns jeden Abend alleine zu Hause zu lassen? Wir waren immer in unserer Wohnung am Wald eingeschlossen. Wenn uns mal schlecht war, haben wir im Restaurant angerufen: Mami, ich muss jetzt brechen. Dann kam meine Mutter den Berg hochgerannt, hat uns getröstet und ins Bett gebracht. Und ist wieder ins Restaurant gelaufen.

Und was sagt Ihre Mutter, wenn Sie solche Sachen fragen?
Sie sagt: Ich weiß nicht, ich habe mir darüber keine Gedanken gemacht, das war normal. Ich musste doch arbeiten, wie hätte ich das sonst machen sollen?

Heute ist das anders, vielleicht, weil Kinder ein seltenes, kostbares Gut geworden sind.
Ich würde meine elfjährige Tochter abends nicht allein lassen, obwohl ich mit fünf, sechs immer abends allein war, komisch, oder? Meine Eltern wussten ja auch tagsüber oft überhaupt nicht, wo wir waren, das war zwar eine Kleinstadt und nicht München, aber alles war von Sorglosigkeit geprägt. Ich würde auch nicht sagen, dass meine Eltern nachlässig waren.

Alle haben das so gemacht damals, oder?
Kinder waren halt da und gehörten dazu. Aber man hat für die Kinder das Leben nicht groß verändert oder Abstriche gemacht.

Für die Kinder war das vielleicht auch nicht schlecht.

Klar, ich habe davon sehr profitiert, weil ich sehr abenteuerlustig war. Die Sorglosigkeit meiner Eltern hat mich frei gemacht. Und was mich am meisten irritiert, ist, dass ich das heute nicht auf meine Tochter übertragen kann. Ich bin nicht so locker, wie meine Eltern es waren. Ich habe schon mehr Angst, dass meiner Tochter etwas passieren könnte, vielleicht auch, weil sie am Anfang so krank war, vielleicht, weil ich so spät Mutter geworden bin, weil sie ein Einzelkind ist. Ich war auch schon in der Schwangerschaft nicht cool, eher ängstlich.

Kinder verändern heute die Eltern mehr. Ist das richtig?
Es ist zumindest komisch: Ich war immer sehr selbständig, aber meiner Tochter trau' ich viel weniger zu, leider. Ich bringe meine Tochter immer noch morgens in die Schule, mit elf, das hätten meine Eltern nie gemacht.

Dafür fordern wir in der Schule viel mehr von den Kindern.
Ja, das hat sich total verändert. Warum hat die Schule heute im Alltag einen so großen Stellenwert? Ich kann mich zumindest nicht erinnern, dass die Schule ein so überwältigendes Thema war. Ich hatte so viel Freizeit, ja, freie Zeit, ich bin Nachmittage lang durch Bad Nauheim gestrolcht, und es war immer jemand draußen zum Spielen. Daran erinnere ich mich viel klarer als an die Zeit in der Schulbank.

Der längste Sommer
Die goldenen 70er-Jahre

Nr. 2   2. Jan. 1976 – DM 1,20 bei Hauslieferung zuzügl. Zustellgebühr · öS 10,– · Lire 450 · 0,32 £ · skr 3,50 incl. moms · Ptas 45,– · sfr 1,70 · Printed in Germany C 1917 CX

BRAVO

Neuer Roman

Neue Serie!

Hollywoods wilde Töchter: 1. Linda Blair

Heißer Winter:

Mit Vollgas übers Eis

Dr. Korff: Liebe, Sex und Einsamkeit

BRAVO-Exclusive

Jürgen Marcus erzählt seine besten Witze

Linda Blair

Der längste Sommer

Es ist verdammt schwer, dieser Welt zu entkommen, besonders dann, wenn sie so voll ist von dem, was die großen Jahrgänge der 60er und vor allem ihr größter in die Welt getragen haben – und womit sie diese Welt beschäftigt haben.
Eva Stützel, eine kluge Frau des Jahrgangs 1964, weiß das.

Sie hat dort, wo Deutschland einmal geteilt war, in der
Altmark zwischen Wolfsburg und Stendal, in den späten 90er-
Jahren ein Ökodorf mit aufgebaut. In dem Ort, in dem sie jetzt
wohnt, fahren keine Autos, sind Häuser aus gepresstem Stroh
gebaut und die Menschen einander näher, im besten Fall. Die
Leute, die hier leben, wollen in den Sommernächten die Sterne
sehen, deshalb haben sie auch keine Laternen an ihre Wege
und Straßen gestellt. „Sieben Linden" heißt das kleine Ökodorf in Sachsen-Anhalt, es zieht all diejenigen an, die anders
leben wollen. Und die das Leben, das sie suchen, in keiner
Reihenhaussiedlung finden werden. Niemals.

Eva Stützel sagt, dass sie immer in Gemeinschaft leben
wollte, so nennt sie das. Und damals, vor 30 Jahren, da war sie
Teil einer großen Gemeinschaft, die den Ton angab in jener

Zeit. Damals waren sich sehr, sehr viele einfach sehr einig. Sie sagten, sie seien für den Frieden, sie waren gegen Atomkraft, Franz Josef Strauß und selbstverständlich gegen Ronald Reagan, den amerikanischen Präsidenten, dem die deutsche Gedankenschwere eher fremd war.

Auch Kai Diekmann, der *Bild*-Chefredakteur, kann sich an diese Zeit in den 80ern gut erinnern. Er stand damals auf der anderen Seite. „Der Mainstream war links", sagt er. Und er, Diekmann, war zumindest das nicht. „Mich hat dieser Mainstream angeödet, und wenn man dagegen rebellieren wollte, gab es kaum einen größeren Spaß, als sich mit einem Anstecker an der Jacke zu Franz Josef Strauß zu bekennen." Die Meisten allerdings sahen das anders, damals.

Joseph Beuys, der nicht mehr ganz junge Künstler, machte sich auch einen großen Spaß in jenen Tagen, indem er ein befremdliches Liedchen im Fernsehen sang und das Mikrofon wie ein Lasso über seinem Kopf schwang: „Wir wollen Sonne statt Reagan". Sehr lustig, und im Nachhinein auch ein bisschen peinlich. Aber das war der Ton der Zeit.

Hunderttausende zogen an einem Junitag nach Bonn, um gegen das zu demonstrieren, was man Nachrüstung nannte: die Raketen aus Amerika, Reagans Raketen.

Eva Stützel war dabei, als der Protest gegen die Pershings immer lauter wurde, in diesem Frühling und Sommer des Jahres 1982. Sie war kaum achtzehn, sie war unter all den Menschen, die so dachten wie sie. Und es waren viele.

Das ist die große Erfahrung ihrer Generation, egal ob die jungen Frauen und Männer, die aus ihr stammen, sich später in Strohhäuser in der Altmark oder in eine Villenkolonie in Potsdam abgesetzt haben. Ob sie damals in Bonn gegen Atomwaffen demonstriert oder den Rolling Stones Anfang der 80er-Jahre Zusatzkonzerte in Deutschland abgetrotzt haben. Weil sie so viele waren und die Stadien überrannten. Oder die Universitäten, wo dann auch all die anderen waren, die keine Lust hatten, gegen Raketen zu demonstrieren; die Zahnärzte werden wollten, was ja auch keine schlechte Wahl war, wie sich später herausstellen würde.

Kai Diekmann war damals auch in Bonn. Doch er protestierte nicht gegen die Nachrüstung, er demonstrierte für sie. Diesen Aufmarsch veranstaltete damals die CDU, sie hatte ihren Frieden mit den Raketen schon gemacht. Und Diekmann hat noch heute die Fahrkarte nach Bonn, für den Bus, der ihn zu seiner Demo brachte. Es sind ja diese kleinen Dinge, die aus Vergangenem einen Lebenslauf machen.

Und so hört man die Erzählungen dieser großen Generation überall. In der Chefredaktion der *Bild*-Zeitung, im Axel-Springer-Hochhaus in Berlin, aber auch in einem Ökodorf in der Altmark, in dem Pferdegespanne den Pflug ziehen.

Eines Tages kam in dieses Dorf, das die 64erin Eva Stützel mitgegründet hatte, ein Mann namens Martin Goldstein. Er war schon ein älterer Herr, weißbärtig und freundlich. Auch er wollte in Gemeinschaft leben, und wieso auch nicht? Ein paar Tage, ein paar Wochen in „Sieben Linden" leben, und dann wieder in seiner Wohnung im Rheinland. Unter seinem Namen Martin Goldstein kannte ihn kaum jemand, aber er war der Mann, dessen Pseudonym Millionen Menschen in der Bundesrepublik ein Begriff war: Dr. Sommer.

Genau, der Dr. Sommer aus der *Bravo*, der Dr. Sommer, der Hunderttausenden Mädchen und Jungen des Jahrgangs 1964 durch ihre Pubertät half, durch die schlimmsten Pickeljahre und dunkelsten Stunden der Seelenschmerzen, die sich so unendlich anfühlten. Indem er ihnen erklärte, dass Sex und Selbstbefriedigung nicht sofort tödlich, sondern eigentlich ganz menschlich sind. Auch für 16-Jährige.

Dieser Martin Goldstein, der im August 2012 starb, war so wichtig für das Frühlingserwachen einer ganzen Generation.

Später sollte einmal jeder sechste Deutsche sagen, dass er von Dr. Sommer aufgeklärt wurde.

Und Goldstein wusste, was er tat, war er doch ein gebildeter Arzt, Therapeut und Lehrer. Sein Vater stammte aus einer jüdischen Familie, weshalb auch Martin Goldstein von den Nazis verfolgt wurde. Er tauchte unter und überlebte, studierte nach dem Krieg Medizin. Von 1969 bis 1984 war Goldstein dann eine Art Beichtvater der westdeutschen Jugend, und damals waren sie Millionen, diese Jugendlichen. Tausende Briefe schrieben sie jeden Monat an Dr. Sommer. Vierzehn Jahre lang. Und er und sein Team beantworteten sie alle.

Liest man heute noch einmal den ersten Brief nach, den Dr. Sommer bekam – er wurde 1969 in der *Bravo* abgedruckt – dann war die Sache schon ein wenig kurios. Oder auch sehr ernst, zumindest für die 13-Jährige, die den Brief geschrieben hatte. Denn sie hatte ein Problem: Sie hatte sich in einen Busfahrer verliebt, unglücklich, versteht sich.

„Ich bin 13 Jahre alt. Man sagt, dass ich jetzt im Schwarmalter sei. Das stimmt. Aber ich habe beim Schwärmen den Kopf verloren. Es fing damit an, dass meine Freundin für einen Busfahrer schwärmte. Zuerst lachte ich sie heimlich aus. Sie ging immer zu einer Bank an einer Haltestelle, wo ‚er' immer hielt und einige Minuten Pause machte. Und da tat ich das, was ich jetzt bereue: Ich ließ mich von ihr mitschleifen, und da hat es mich dann auch erwischt. Ich setzte mich mit meiner Freundin auf diese blöde Bank. Er sprach uns an. Er sagte nur ‚Guten Tag' und ‚Wie geht es euch'. Aber wir schwebten im siebten Himmel. Dann wurde unsere Unterhaltung freier und lustiger. Ich schwärmte immer mehr für ihn. Doch bald wurde unser Schwarm stiller. Er grüßte uns auch nicht mehr. Ich konnte mir sein Verhalten nicht erklären. Er hielt uns wohl für unanständig, albern und blöde, was ich ja auch wirklich war ... Was soll ich nur tun? Vielleicht lachen Sie über mich. Aber es ist ernst."

Dr. Sommer lachte nie über jemanden. Aber er antwortete immer. Und wenn es denn die 13-jährige Briefeschreiberin wirklich gab, dann konnte sie in der *Bravo* Folgendes lesen. „Liebe Kathrin, was Dich – und sicher auch Deine Freundin – jetzt bewegt, erleben die meisten Mädchen in Deinem Alter. Ihr schwärmt für Männer, die wie Väter, d.h. umsichtig, verantwortungsbewusst und lebenserfahren sind. Ein Busfahrer an einer Endstation ist so etwas wie ein Kapitän im Hafen. Jedes Mädchen schwärmt zuerst für den eigenen Vater, dann für einen wesentlich älteren Mann, bis es sich schließlich für einen Jungen interessiert."

Diese Kathrin, die 1969 dreizehn Jahre alt war, war eine ältere Schwester der 64er, die Dr. Sommer und die *Bravo* dann so richtig berühmt machen sollten.

Heute klingt das alles harmlos, der Kapitän im Hafen, die Schwärmerei. Doch irgendwie bekam Deutschland damals Angst vor Dr. Sommer und ein paar Millionen Jugendlichen. Anfang der 70er-Jahre wurde die *Bravo* von der Bundesprüfstelle, so hieß und heißt das, mit zwei Ausgaben in die Liste der jugendgefährdenden Schriften aufgenommen. Diese Hefte durften nicht an Jugendliche verkauft werden, weil sich Dr. Sommer zu ausführlich mit Selbstbefriedigung beschäftigt hatte. Für das Verbot hatten sich die bayerische Landesregierung und die CSU starkgemacht. Die Partei, deren spätere Ministerin Ilse Aigner im Jahr 1964 geboren wurde, und die selbstverständlich auch die *Bravo* gut kannte.

Besonders ärgerlich war dieses Verbot der Zeitschrift Anfang des Jahres 1972 für viele Jugendliche, die sich nicht so sehr für Dr. Sommer und ihre Pubertät interessierten, sondern für die britische Glamrockband T. Rex. Weil sie die *Bravo* nicht kaufen durften, konnten sie den Starschnitt nicht komplettieren, der T. Rex zeigte. Ein Starschnitt, das war ein großes Poster, das aus vielen Einzelseiten der *Bravo* entstand. Jede

Woche wurden neue Teile für den Starschnitt mit dem Heft geliefert. Im Frühjahr 1972 waren es die beiden T.-Rex-Musiker Marc Bolan und Mickey Finn, die man zusammenbasteln konnte. Arm für Arm, Bein für Bein, Locke für Locke. Nur dass Micky Finn am Ende die Hüfte und der Bauch fehlten, wenn man nicht irgendeinen Erwachsenen losgeschickt hatte, um die verbotenen Hefte Nr. 6 und Nr. 7 des Jahres 1972 zu kaufen.

T. Rex konnte das alles egal sein, sie landeten im Herbst des Jahres mit „Children of The Revolution" einen Superhit. Und wahrscheinlich verstanden deutsche Politiker doch zu wenig Englisch, sonst hätten sie auch diesen Song indiziert.

1964, vor Dr. Sommer, war das übrigens alles noch einfacher. Da wurde keine *Bravo* verboten. Damals waren auch nicht die britischen Kajal-Freaks von T. Rex der Kinderzimmer-Starschnitt, damals lagen zwei aufrechte und moralisch einwandfreie Gestalten der *Bravo* in Einzelteilen bei: Winnetou und Old Shatterhand alias Pierre Brice und Lex Barker. Die beiden Männer aus dem Wilden Westen waren die Starschnitte des Jahres 1964. Ein Arm, ein Bein Winnetous, seine schwarzen Haare. Wobei man bei Old Shatterhand mehr Geduld haben musste, denn seltsamerweise bestand der weiße Mann aus 30 Teilen, während für Winnetou 27 ausreichten.

Ein Heft, das Winnetou zum Freund hatte und mehr als eine Million Exemplare in der Woche verkaufte, war nicht zu besiegen. Nicht von der CSU und nicht von denen, die nie ein Exemplar der *Bravo* gekauft haben, weil ihnen das Heft zu blöd war. Die gab es ja auch. Es waren jedoch wenige. Jahrzehnte später, als Martin Goldstein, als Dr. Sommer in das Ökodorf „Sieben Linden" kam, da erkannten auch Eva Stützel und die Leute, die ganz anders leben wollten, dass sie der Geschichte ihrer Generation nicht entkommen würden. Also auch *Bravo* nicht.

Warum auch? Fühlten sich doch die Jahre ihrer Jugend, diese 70er- und frühen 80er-Jahre, die Zeit, in der Martin Goldstein bei *Bravo* Dr. Sommer war, so schön an, wie sein Name klang, wie ein endloser, warmer Sommer. Mit langen Ferien und noch ziemlich kurzen Fragen nach dem Sinn des Lebens. Als Helmut Schmidt damals als Kanzler wiedergewählt werden wollte, da brachten seine Werbeleute dieses Gefühl auf ein Plakat der SPD. Man sah darauf ein junges Paar am Strand, sie saßen auf einem Mofa, er auf dem Sattel, sie auf dem Gepäckträger. Es war Deutschland, aber es sah aus wie Kalifornien.

Nur Ilja Richter, der Mann, der im Anzug „Disco" moderierte, sagte später, dass er die 70er Jahre gar nicht so golden fand, wie alle immer taten. Man muss ihm da nicht widersprechen, wahrscheinlich kann man die 70er einfach nicht mehr sehen, wenn man sie miterfunden hat. Jeden Samstag: „Licht aus! Whoom! Spot an! Jaaa…!" Anstrengende Jahre. Licht aus.

Aber selbst Martin Goldstein träumte sich in den letzten Jahren vor seinem Tod gerne in diese Zeit des hellen Lichts zurück, in die 70er, in denen es noch ein paar offene Fragen gab und nicht alle Antworten und alle Bilder im Netz. Die Leute heute taten ihm leid: „Bei allem, was die aus dem Fernsehen oder Internet wissen: Dieses Wissen ist gesichtslos und kalt."

Vielleicht, aber so warm und kalifornisch wie in der Erinnerung der 64er waren die deutschen Sommer und das Leben in Wahrheit auch wieder nicht. Was möglicherweise sogar nicht ganz unwichtig war für den Geburtenrekord des Jahres 1964: Denn der Winter 1963/1964 war ein kalter, mit Dauerfrost, der die Leute in den Häusern hielt, die Männer bei ihren Frauen, die Frauen bei ihren Männern. Der Sommer und der Herbst des Jahres 1964 waren dann zwar trocken und warm, wie eine Belohnung, aber die Jahre danach waren nicht außergewöhnlich schön. Mitte der 70er, die Zeit, in der die 64er groß wurden, machte sich sogar ein großes Klagen breit. In der Werbung blühten die Prilblumen in buntesten Farben, in Wahrheit aber war die Großwetterlage eher trist.

So trist, dass Rudi Carrell 1975 mit dem deutsch-holländischen Mantra „Wann wird's mal wieder richtig Sommer?" allen aus der Seele sprach: „Ein Sommer, wie er früher einmal war? Ja, mit Sonnenschein von Juni bis September, und nicht so naß und so sibirisch wie im letzten Jahr."

Leider muss man sagen, dass Carrells Wunsch eher erfüllt wurde als der von Dr. Sommer. Was auch einfacher war.

Martin Goldstein wünschte sich, dass die Deutschen ein freieres Leben führten, Rudi Carrell wollte einfach nur einen guten Sommer für sie. Und den bekamen sie dann auch 1976. Dieser Sommer wurde wirklich heiß, und es war natürlich ein Zufall, dass Peter Maffay in jenem Jahr ein Lied sang, das den Sommer und die Pubertät aufs kürzeste verband.

Noch heute können viele diesen Song aus dem Sommer 1976 mitsingen, in dem plötzlich auch die Schlager nach Dr. Sommer klangen: „Es war ein schöner Tag, der letzte im August, die Sonne brannte so, als hätte sie's gewusst. (…) Ich war 16 und sie 31, und über Liebe wusste ich nicht viel, sie wusste alles, und sie ließ mich spüren, ich war kein Kind mehr. Und es war Sommer. (…) Wir gingen beide hinunter an den Strand, und der Junge nahm schüchtern ihre Hand, doch als ein Mann sah ich die Sonne aufgehn. Und es war Sommer."

Wer damals zwölf war und Peter Maffay in Ilja Richters „Disco" auftreten sah, der ahnte plötzlich, dass in diesem Leben noch einiges mehr passieren würde. Und hoffte, dass die Eltern nicht verstanden, was Peter Maffay da sang.

Für die Eltern brachte der heiße Sommer 1976 übrigens auch ein ganz neues Lebensgefühl. Denn in der Bundesrepublik wurde für ein paar Wochen das Autowaschen verboten, eigentlich undenkbar, ein Eingriff in die nationale Identität. Und doch waren alle froh über die langen Abende in der Sonne.

Sie sollten sogar noch länger werden, und das ist nicht eine weitere sentimentale Erinnerung. Das war ganz einfach Politik. Die 70er-Jahre, sie endeten mit einem Anfang, mit der Wiedereinführung der Sommerzeit. Sie wurde 1978 beschlossen und 1980 kam sie dann; sie machte wahr, was alle in dieser Zeit ohnehin glaubten: dass Sommerabende auch in Deutschland unendlich sind. Wer wundert sich da noch, dass die Grünen mit einer Sonnenblume als Symbol antraten, als sie sich 1980 gründeten. Überall war Sonne. Komisch, dass das heute anders ist, obwohl es die Sommerzeit immer noch gibt. Aber wahrscheinlich erlebt man einen Sommerabend mit 17 einfach anders als mit 50. Das ist dann die Lebenszeit, und nicht die Sommerzeit. Und die ist schwerer umzustellen.

Freibad

„Wetten, dass.." man in den 70er-Jahren in einer halben Stunde nach Schulschluss alle Mädchen und Jungen einer deutschen Kleinstadt ins Freibad bekommen hätte? Hätte? Was nach einer Außenwette bei Gottschalk oder Lanz klingt, war einfach so. Jeden Sommertag in jedem Freibad. Dazu gab es Currywurst mit Pommes, oder Pommes mit Currywurst. Bei Gewitter musste man aus dem Wasser. War das Leben je wieder einfacher?

Gastarbeiter

Udo Jürgens sang ihnen das Lied der Sehnsucht nach daheim: „Griechischer Wein". Das war gut gemeint, doch für viele Italiener, Griechen und Türken war es ein Schock, unter die Deutschen zu fallen. Und die Deutschen brauchten lange, bis ihnen Pizza schmeckte. Vieles blieb traurig in diesem Kapitel, das Schönste war das Wort: Gastarbeiter.

Handy

Es gibt dieses englisch klingende Wort im Englischen nicht. Und niemand weiß, wie die Deutschen daraufgekommen sind, ihr Mobiltelefon Handy zu nennen. Aber wer heute noch Handy sagt, ist irgendwie auch von gestern. Längst haben dle Deutschen ein neues kleines Lieblingswort: Smartphone. Das gibt es übrigens auch im Englischen.

Ilja Richter

*** 24. November 1952
Schauspieler und Moderator,
präsentierte den 64ern „Disco"**

An diesem Ort mitten in Berlin, am Moritzplatz, wurde in den 20er-Jahren des vergangenen Jahrhunderts die U-Bahn gebaut; hier sitzt mittlerweile der Aufbau-Verlag, in der Nähe probt Ilja Richter für sein neues Theaterstück. Kein schlechter Platz für ein Treffen mit Richter, der in weiten Verknüpfungen denkt, von Jahrzehnten und Momenten. Die 70er-Jahre waren ganz und gar nicht alles für ihn, auch wenn er mit seiner Sendung „Disco" den 1964 Geborenen gezeigt hat, wie aufregend das Leben nach der Kindheit sein kann. „Licht aus – Spot an!"

Herr Richter, die 70er, in denen Sie mit „Disco" berühmt wurden, waren das goldene Jahre für Sie?
Wissen Sie, ich stehe für viele Menschen für die 70er-Jahre, aber ich stehe nicht auf die 70er.

Aber wie ist das, wenn man dennoch eine Symbolfigur für diese Zeit ist?
Das ist etwas sehr Zwiespältiges, weil das ja auch bedeutet, dass viele Menschen ihre Jugend, ihre Erinnerungen, ihr Jahrzehnt auf eine Musiksendung wie „Disco" reduzieren.

Und sonst, mal abgesehen von „Disco"?
Ich bleibe da bei meiner Meinung: Die 70er waren ein langweiliges Jahrzehnt, was die Fernsehunterhaltung angeht. Im

Verhältnis zu dem konservativen medialen Betrieb damals ist es heute weitaus interessanter, wenn man den Schrott, den es auch gibt, einfach mal beiseiteschiebt. Die 70er waren nur als politisches Jahrzehnt spannend. Für einen Showmann, einen Entertainer, der die Unterhaltung ein bisschen besser machen und die Plattenindustrie zurückdrängen wollte mit ihren Schrottprodukten, war es schwierig.

Welche Musik haben Sie selber damals gerne gehört?

Für viele Nostalgiker der 70er-Jahre kann ich wieder nur eine enttäuschende Antwort geben, denn ich war geprägt durch die 20er-Jahre, und ich habe Klassik gehört, Romantiker wie Brahms und Schubert, Jazz und Musicals. Das fand ich viel interessanter. Aber wissen Sie was: Mir ist das auch nicht so wichtig, wenn die Leute immer denken, ich müsste die 70er-Jahre doch als eine sehr schöne Zeit, als meine Zeit empfinden.

Wie haben Sie sich denn in dieser Zeit gesehen?

Die Figur des „Disco"-Ilja war eine anachronistische, eine völlig gegen die Zeit laufende Gastgeberfigur, die aber Aktuelles präsentierte. Für mich persönlich jedoch war es eigentlich nicht so anachronistisch wie für die, die mich von außen betrachteten. Für mich war es selbstverständlich, einen Anzug anzuziehen, auch selbstverständlich, eine Krawatte zu tragen.

Denn ich bin einerseits der Sohn alter Eltern, und es war andererseits so, dass ich mich auf meine Weise älter machen wollte, wie das alle jungen Leute tun. Dann kam noch eine Art Trotzfaktor hinzu, sich äußerlich konservativ zu gebärden. Für mich war es aber vor allem die Faszination einer bestimmten Form von Eleganz, eines Gentlemanhabitus. Es war eine Stilfrage. Mit den 70er-Jahren hatte das für mich alles nichts zu tun.

Warum verklären denn so viele Deutsche die 70er-Jahre?
Weil all die vielen Leute, die in den 60er-Jahren geboren wurden, in den 70ern ihre Jugend erlebt haben. Darum geht es, um die Verarbeitung ihrer Jugend. Der Mensch ist ein sentimental zurückblickendes Tier.

Also alles ganz menschlich …
Sicherlich, aber der Mensch, der bei mir ein sentimentales Auge bekommt, wirft einen Scheinwerfer auf sich selbst. Der schlichtweg begeisterte „Disco"-Fan ist von sich begeistert, vom Blick zurück auf sich selbst. Weil der Mensch so am besten durchkommt.

Jeder schafft sich seine eigene Erinnerung.
Ja, nehmen Sie eine Mutter aus den 30er-, 40er-Jahren, die zwei Söhne im Krieg verloren hat. Die kriegt es fertig, nach dem Krieg einen Ufa-Film zu sehen, sagen wir „Es leuchten die

Sterne". Sie sitzt da mit ihrem Ehemann, mit dem sie mal zwei Kinder hatte, sieht den Film und sagt: Das waren doch Zeiten, das war doch auch schön, und weißt du noch damals ... Die menschliche Katastrophe, die sie in dieser Zeit erlebt hat, der Tod der Söhne, wird ausgeklammert. Alles schon vergessen?

Sicher nicht, aber so lebt man weiter.

Und je rauer es wird, desto mehr kapselt man sich ein.

Aber was hat das mit den 70ern zu tun?

Viel. Wenn jetzt jemand, der in den 60er-Jahren in der DDR geboren wurde, zu mir kommt und sagt, das waren noch Zeiten, damals mit „Disco", dann bin ich irritiert. Wenn derjenige sagt, Mensch, das war doch unsere Zeit, wie war das schön, dann bemühe ich mich immer, den Menschen nicht zu verletzen. Aber manchmal wird es mir dann doch ein bisschen zu viel. Dann frage ich: Was möchten Sie denn gerne, möchten Sie die alten Zeiten zurück? Die Mauer?

Und wie antworten die Leute dann?

Na wie wohl? Die sagen: nein. Aber „Disco" war doch schön. Dann sage ich: „Disco" war aber nur einmal im Monat. Na ja, aber das war doch schön, sagen die Leute dann wieder. Dann sage ich: 45 Minuten lang, ja und sonst? Wenn die Zeit noch so wäre wie damals, hätten wir uns nicht unterhalten können, wir beide, wir wären noch getrennt. Schön war die Zeit, aber die Mauer, die muss man vergessen, um das so sehen zu können.

Welche Reaktionen bekommen Sie darauf?

Die Leute schwanken zwischen Irritation und Enttäuschung darüber, dass ich ihre Rede über die alte Zeit nicht als Kompliment aufgefasst habe.

Sind Sie denn selber nie nostalgisch gestimmt?

Ich erzähle Ihnen mal eine kleine Geschichte, die auch etwas über das Älterwerden sagt. Ich stehe irgendwo in einem Kaufhaus, und auf einem Grabbeltisch liegen Kassetten, Tonkassetten. Zwei Teenager, wie man ja heute kaum noch sagt, zwei junge Damen zwischen zwölf und dreizehn stehen da; die eine hält eine Kassette in der Hand, guckt sie sich an und fragt: Was ist das denn? Die andere guckt sich die Kassette auch an, dreht sie noch einmal in der Hand und sagt: Du ich glaube, irgendwas mit Musik.

Ja, Musik aus der Steinzeit ...

Man sollte das Ganze aber auch nicht so sehr romantisieren mit den Kassetten, die Dinger gehen ja leider auch einfach kaputt. Da muss man so schlau sein und sie vorher überspielen. Wenn man das nicht macht, hat man eine Erinnerung weniger, weil man zu lange in Erinnerungen geschwelgt hat.

Das Wort Teenager ist tatsächlich genauso ausgestorben wie die Kassetten, oder?

Na ja, es schwirrt noch so rum. Im Übrigen bleiben die Worte ohnehin ja nur so lange da, solange Gedankenträger einer Generation sie aussprechen und weitertragen.

Beschäftigt Sie das?

Ich glaube, ich bin ein besonderer Fall von Sprachgutbewahrer, weil ich als Kind geprägt wurde durch sehr alte Eltern, die durch fünf Systeme gegangen sind, Kaiserzeit, Weimar, Nazizeit, DDR und Bundesrepublik. Die haben noch ganz andere Worte benutzt, die ich ursprünglich aus Versehen aber jetzt ganz absichtlich anwende, meine Freundin ist dann ganz entgeistert: Bitte, was hast du gerade gesagt: Ich soll die Butter wieder ins Kühlspind stellen? Bitte wohin? Ins Kühlspind. Weil meine Eltern das eben noch so gesagt haben.

Können Sie sich an Worte erinnern, die für Sie in den 70er-Jahren eine besondere Kraft hatten?

Gar kein Wort gab es da, überhaupt kein Wort, das damals eine besondere Kraft für mich hatte. Das liegt aber immer auch an der jeweiligen Sozialisation eines Menschen. Es gab zum Beispiel im Musikgeschäft so unzutreffende Worte wie „Liedermacher". Das ist noch heute ein völlig beknackter Begriff, hausbacken bis in die Knochen. Lieder machen, was soll das heißen? Reinhard Mey war und ist doch ein singender Poet.

Schlechte Sprache kann Sie ja richtig aufregen.

Ich vermisse einfach eine gewisse Sprachkultur, das hört sich wahnsinnig etepetete an, aber ich meine das ganz konkret.

Wie denn?

Zum Beispiel meine ich dieses Sich-zu-Tode-Duzen in diesem Land. Wenn wir beide innerhalb eines Gesprächs feststellen, dass wir gemeinsame politische Nenner haben, Auffassungen, Wahrnehmungen, ist es doch kein Grund, dass wir uns in der nächsten halben oder Dreiviertelstunde duzen. Es ist auch kein Grund, sich von Anfang an zu duzen, nur weil man gleichaltrig ist. Ich kannte das Du ja aus der Welt meines Vaters, der Kommunist war, doch jetzt, in den darauffolgenden Generationen, gibt es ja nicht mehr dieses genossenhafte, dieses solidarische Du. Viel eher gibt es heute das völlig falsch verstandene you aus dem Englischen, Ausdruck jenes kumpelhaften Tons aus der Werbung. Das hat einen ganz verlogenen Klang. Mochte ich damals schon nicht.

Aber daran kam man schwer vorbei.

In der Sendung hatte ich damals für mich eine sehr altmodische, aber einfache Lösung gefunden: Ich habe jeden prinzipiell

gesiezt, habe aber am Anfang mit diesem „Einen wunder-
schönen Abend, meine Damen und Herren, hallo Freunde" eine
Form gefunden, mit der man verschiedene Altersgruppen unter
einen Hut brachte. Man kann zwar nicht mit allen befreundet
sein, aber es war ein Signal: Ich bin jung, wir sind jung.

Haben Sie sich damals eigentlich selbst jung gefühlt?
Ich glaube nicht, nein. Auch, weil ich nicht sehr jung war.

Aber Sie waren auch nicht alt.
Das ist ja das Tragikomische, deshalb passte ich ja auch nicht
so richtig in die Pop-Welt.

**Was heißt es denn, wenn wir sagen, wir wollen nicht von
allen geduzt und vereinnahmt werden …?**
Ich will es nicht …

Einverstanden, Sie wollen nicht von allen geduzt werden.
Das heißt zum Beispiel, dass ich alles für meinen Stil tat. Dass
ich in meiner Lust auf fröhliche Distanz einerseits gute Laune
verbreiten wollte, mich andererseits nicht verbrüdern mochte.

Haben Sie noch die Anzüge, die Sie damals trugen?
Nein.

Aber Sie tragen heute noch gerne Anzüge?
Seltener, aber ich würde auch nicht so gerne nur im Hemd vor
Ihnen sitzen, deshalb trage ich manchmal eine Weste.

Testbild
Fernsehen ohne Fernbedienung

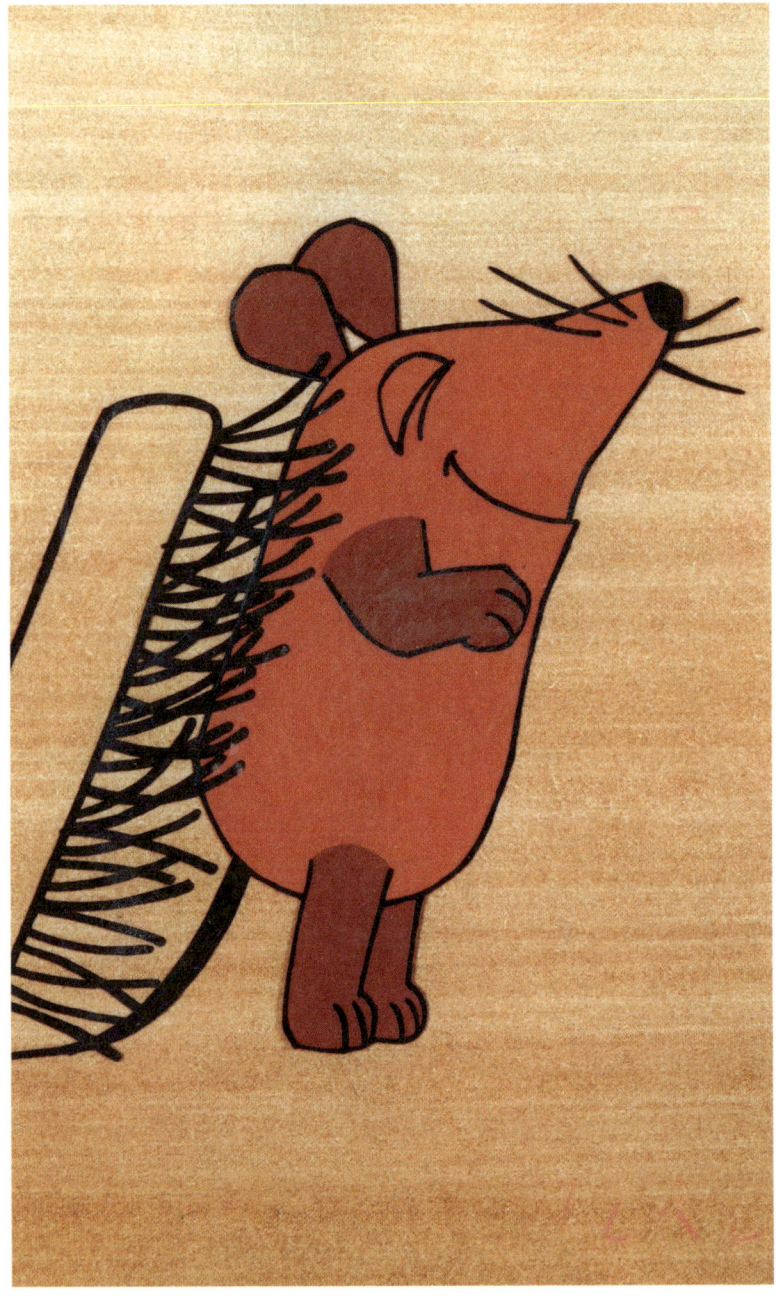

Testbild

Wer erinnert sich noch an den Heiligen Abend des Jahres 1964? Wer weiß noch, was an diesem 24. Dezember, einem Donnerstag, in der ARD geboten wurde?

Die Jungen und Mädchen, die in jenem Jahr zur Welt kamen, werden den Tag nicht vor dem Fernseher verbracht haben. Und wenn doch, dann haben sie nicht mitbekommen, was die Schwarz-Weiß-Bilder bedeuteten, die sie sahen. Aber um es gleich zu sagen: Sie haben, mit einer Ausnahme, nicht viel verpasst.

Das Programm des Heiligen Abends 1964 ist ein schönes Beispiel dafür, was die ARD in den 60ern an hohen Feiertagen aufbot, und zwar von 15.30 Uhr an, da kamen zunächst die Programmhinweise. Vorher gab es eigentlich nichts zu sehen; und an diesem Tag begann der Fernsehtag mit der schönen Sendung „Wir warten aufs Christkind". Die Stunden davor, der ewig lange Morgen und der frühe Nach-mittag des Heiligen Abends standen damals noch unter der Überschrift: Wir warten aufs Fernsehen. So war das in den 60ern.

Als das Warten auf das Fernsehen und das Christkind schließlich vorbei war, steigerte sich die ARD noch einmal beträchtlich an diesem Feiertag: Um 18 Uhr begann die Übertragung der Evangelischen Weihnachtsvesper aus der Stuttgarter Hospitalkirche, um 19.45 Uhr wurde die religiöse Konferenzschaltung in die Dortmunder St. Marienkirche verlegt, dort war das Quempas-Singen zu hören und zu sehen, auch ein alter weihnachtlicher Brauch. Um 20 Uhr gab es dann den Nussknacker nach E.T.A. Hoffmann, um 21.45 Uhr Altdeutsche Orgelmeister aus der Wallfahrtskirche Steinhausen. Und schließlich um 23.55 Uhr, selbstverständlich, die Mitternachtsmesse. Dann war Sendeschluss im bürgerlichen Staatsfernsehen.

Eigentlich ist es kaum zu glauben, dass in diesem Feiertagsbeton noch Platz war für einen kleinen Film des großen Regisseurs Oliver Storz, der sich zwischen 21 Uhr und 21.45 Uhr ins Programm des Heiligen Abends geschlichen hatte, wahrscheinlich weil er den Titel „Der doppelte Nikolaus" trug. Storz' Film gab auch schon einen Hinweis auf die Zukunft des Feiertagsfernsehens, spielte doch der damals zehnjährige Sascha Hehn schon eine Rolle im „doppelten Nikolaus", der Mann, gegen den in den 80ern dann nichts mehr zu machen war, in der „Schwarzwaldklinik" und auf dem „Traumschiff".

Alles, was an diesem Heiligen Abend 1964 zu sehen war, war übrigens noch schwarz-weiß. Auch wenn die Erinnerungen der 64er bunt sind, an „Daktari", „Flipper" und „Bonanza" – die Farben kamen später auf den Bildschirm. Nach dem 25. August 1967. Denn das war der erste Tag, an dem Deutschland Farbe sehen konnte.

Wobei sich das gewaltiger anhört, als es war, Farbe gab es zunächst nur ein paar Stunden in der Woche, und kaum jemand konnte sich in Deutschland das leisten, was man brauchte, um Farbe zu sehen: ein Farbfernsehgerät. Denn ein solcher Fernseher war noch sehr teuer, fast so teuer wie ein gebrauchter VW-Käfer, und auch den hatten die meisten Leute in den 60ern ja noch nicht. Oder noch nicht lange.

Übrigens war es Willy Brandt, damals noch Vizekanzler der Republik, der den Startschuss für die bunten Bilder gab. An jenem 25. August 1967 drückte er während der Funkausstellung in West-Berlin auf einen roten Schalter, um in Deutschland das Farbfernsehen freizugeben. Der Schalter war selbstverständlich eine Attrappe, und die Techniker hatten schon ein paar Sekunden vor dem Fingerdruck Brandts das Farbsignal auf Sendung gegeben. Diese kleine Panne wurde später mit den Worten verbrämt, der Schalter sei sehr sensibel eingestellt gewesen. Er hatte, so ging es damals manchem, schon auf Willy Brandts Annäherung reagiert. Wie auch immer, die Technik entwickelte sich.

Von einer Fernbedienung für ihre Geräte waren die Deutschen am Heiligen Abend des Jahres 1964 aber noch weiter entfernt als die Amerikaner vom Mond. Doch das störte wohl kaum jemanden, denn wer brauchte für zwei Programme eine Fernbedienung? Und sie wurde auch nicht notwendiger, nachdem in jenem Jahr das Fernsehen des Bayerischen Rundfunks, also ein drittes Programm, hinzugekommen war.

Niemand wäre überhaupt auf die Idee verfallen, zwischen den Sendern hin und her zu schalten, denn Fernsehen war damals noch eine Art innerer Einkehr, Konzentration auf den einen Punkt im Wohnzimmer, der die Welt ins Haus holte, und wenn es nur „Dick und Doof" oder „Väter der Klamotte" waren, die alten amerikanischen Filme und Sketche, die in Deutschland bald als Kinderstunde durchgingen – weil sich Männer gegenseitig auf den Kopf hauten, Nudeln in den Haaren hatten und dabei lachten, oder sich mit rasenden alten Autos überschlugen, den Hut gerade rückten und wieder aufstanden. Über diese schnell zusammengeschnittenen Bilder aus den 20er-, 30er-Jahren wurden auch noch kalauernde deutsche Kommentare gesprochen. Eben „Dick und Doof" statt Stan

Laurel und Oliver Hardy. Ganz große Unterhaltung im deutschen Fernsehen. Übrigens verfasste der wunderbare Kabarettist Hanns Dieter Hüsch die seltsamen deutschen Texte zu den Filmchen. Nicht zu fassen, oder?

Damals gab es in der Regel nur einen Fernseher in der Familie, und die Kämpfe um die Frage, wer was sehen darf, waren vergleichsweise gering – weil es ja nicht viele Alternativen gab, für die es sich zu kämpfen gelohnt hätte. In der Nacht und am Vormittag gab es ohnehin nur die Auswahl zwischen einem weißen Rauschen oder dem formvollendeten Testbild, das doch eine gewisse Schönheit der Technik ausstrahlte.

Immerhin war es in diesen Fernsehjahren noch klar, dass die „Sportschau" die Bundesliga übertragen durfte. 1964 gab es übrigens auch den ersten Deutschen Meister der Bundesliga, denn die wurde ja erst zur Saison 63/64 gegründet. Der Meister hieß damals noch nicht Bayern München, sondern 1. FC Köln, was die Leute beim WDR, wo die „Sportschau" produziert wird, sicherlich begeisterte. Auch Ernst Huberty, der alle halbwegs Fußballinteressierten bis in die frühen 80er begleiten sollte, war damals schon bei der „Sportschau" dabei.

Überhaupt hatte der Sport Anfang der 70er, als die 64er in der Grundschule saßen, eine enorme Bedeutung für Fernsehdeutschland. Gleich zwei Großereignisse kamen über das Land: die Olympischen Spiele 1972 und die Fußballweltmeisterschaft 1974. Beide Veranstaltungen führten zunächst einmal dazu, dass die Eltern der 64er eine neue Disziplin entdeckten: den Konsum. Jetzt wurden tatsächlich deutlich mehr Farbfernseher im Land gekauft, und waren sie auch noch so teuer.

Für die Kinder damals war die Fußballweltmeisterschaft allerdings das deutlich geeignetere Ereignis. Denn die Olympischen Spiele brachten den Terror in die Fernseher und die Wohnzimmer. Was dazu führte, dass die Achtjährigen zwar noch sehen durften, wie der Schwimmer Mark Spitz insgesamt sieben Goldmedaillen holte und sich vor die Brust hing. Danach aber durften sie diese seltsamen Spiele nicht mehr jeden Tag sehen. Weil plötzlich palästinensische Terroristen auf den Balkonen des Olympiadorfs standen. Es waren schwarze Tage, trotz des Farbfernsehens.

Zwei Jahre später, wieder in München, wieder im Olympiastadion, war man sehr bemüht, das alles zu vergessen. Deutschland stand im Endspiel der Fußballweltmeisterschaft, der Gegner war Holland. Und Uli Hoeneß hatte schon damals ein kleines Problem. Es war noch keine Minute des Spiels vergangen, da hatte Hoeneß den Holländer Johan Cruyff bereits zu Fall gebracht. Es gab Elfmeter. Und schon lag Deutschland hinten. Das sollte sich noch ändern, am Ende waren die Deutschen Weltmeister. Aber in diesen ersten Minuten des Spiels geriet die Welt aus den Fugen, auch für Johannes B. Kerner, den Jungen aus dem Jahrgang 1964, der später einer der bekanntesten deutschen Fernsehmoderatoren werden sollte. Damals war ihm nach zwei Minuten Endspiel geradezu körperlich übel, und er wollte zwar nicht den Platz, aber das Wohnzimmer verlassen. Einzig eine gewisse erzieherische Strenge seines Vaters („Wir werden hier wegen Fußball nicht hysterisch.") führte dazu, dass Kerner auf dem Flokati vor dem Fernseher durchhielt und die Deutschen im Bonner Wohnzimmer doch noch siegen sah.

Besonders stolz waren die Fernsehleute damals übrigens darauf, dass sie schon zehn Minuten vor Anpfiff der Spiele mit dem Programm begannen. Schön, aber da sollte im Laufe der Jahrzehnte noch deutlich mehr möglich werden.

Die Weltmeisterschaft und die Olympischen Spiele waren selbstverständlich Massenereignisse, für die es die Masse der 64er gar nicht brauchte. Und doch wurde sie schon wichtig: Anfang der 70er-Jahre erkannten die Fernsehredakteure, dass in den Millionen Mädchen und Jungen eine neue Zielgruppe heranwuchs, auch wenn man das damals noch nicht so genannt hat. So wie die Leute in den Funkhäusern jetzt merkten, dass auch die Italiener, die als Gastarbeiter nach Deutschland kamen, irgendwie eigene Sendungen brauchten – wenn ARD und ZDF nicht ganz auf sie verzichten wollten –, so entdeckten die Redakteure plötzlich auch diejenigen, die schon da waren und langsam größer wurden: die Kinder.

Denn den Kindern ging es damals eigentlich so, wie es den erwachsenen 64ern heute geht: Sie sahen vor allem amerikanische Serien, weil ihnen das deutsche Fernsehen wenig zu bieten hatte: Nur hießen die damals nicht „Homeland" oder „Sex and the City", sondern „Flipper" oder „Bonanza". Doch dann kam die Maus.

Der Westdeutsche Rundfunk, der WDR, nannte die Sendung zwar am Anfang pädagogisch korrekt „Lach- und Sachgeschichten für Fernsehanfänger", im Januar 1972 aber wurde sie in „Die Sendung mit der Maus" umbenannt. Und wie es mit Mäusen so ist, hat sie am Ende alle größeren Tiere besiegt, Flipper, Fury oder Lassie. Eigentlich ist „die Maus" auch gar keine Kindersendung mehr, weil die, die damals klein waren, als die Maus klein war, sie heute immer noch sehen wollen. Etwas verschämt hat der WDR einmal darauf hingewiesen, dass das Durchschnittsalter der Zuschauer bei etwa 40 Jahren liegt. Das heißt: Wenn heute Kinder die Maus sehen, tun sie das nicht allein, meistens sitzen ihre Eltern oder Großeltern mit vor dem Fernseher. Die Millionen also, die damals schon wissen wollten, warum der Himmel blau ist und Popel grün sind.

Und die auch folgenden Refrain mitsingen konnten und können: „Der, die, das, wer, wie, was, wieso, weshalb, warum, wer nicht fragt, bleibt dumm!" Als die „Sesamstraße" mit diesem Intro begann, war sie tatsächlich in Deutschland angekommen, mit deutschen Geschichten, deutschen Schauspielern und sehr deutschen Fragen. Am Anfang, 1973, als noch die amerikanischen Originalfolgen der „Sesame Street" ausgestrahlt wurden, da war auch noch Oscar in der Mülltonne dabei, dreckig und verdreht in seinem Hinterhof. Aber Oscar wurde in Deutschland nicht geliebt, besonders nicht von den Eltern der 64er, und auch nicht vom Bayerischen Rundfunk.

Die Eltern fanden Oscar eklig, und der BR sendete die „Sesamstraße" erst gar nicht – weil sie die soziale Situation der Bundesrepublik nicht angemessen darstelle. Wobei man sagen muss, dass dies wahrscheinlich auch nicht die erste Idee der amerikanischen Macher der Serie war: die soziale Situation in irgendeinem kleinen Land auf der anderen Seite des Atlantiks angemessen darzustellen. Aber den Bayern ging das als Argument durch. So einfach war das damals. Vielleicht hatte der BR aber auch schon seit Jahren zu viel hinnehmen müssen, im Südwestfunk lief zum Beispiel schon im Frühjahr 1964 eine Geschichte mit dem Titel „Arme kleine Erika" und dem Kurzinhalt: „Die Eltern der kleinen Erika leben getrennt. Erika will ihren Vati zurückholen und setzt sich auf die Bahn ..." Klingt auch nach Problemfernsehen.

Immerhin musste der Bayerische Rundfunk sich eine Gegenveranstaltung zur „Sesamstraße" überlegen, oder nennen wir es eine Alternative, denn das forderten die anderen Sender in der ARD. Und so kamen die deutschen Kinder zum „Feuerroten Spielmobil", was ja auch kein Fehler war. Die „Augsburger Puppenkiste", die zwar eindeutig nach einer Stadt in Bayern benannt war, feierte ihre großen Fernseherfolge übrigens auch im Exil. Denn Urmel, Jim Knopf und Lokführer Lukas liefen in den 60er-Jahren für den Hessischen Rundfunk auf.

Eigentlich waren die Deutschen also Puppen gewohnt, als sie plötzlich auf Ernie und Bert trafen, zwei, gegen die nun wirklich niemand etwas haben konnte. Aber Schritt für Schritt, Puppe für Puppe, wurde die „Sesamstraße" immer deutscher,

Ernie und Bert mussten mit Samson und Tiffy klarkommen. Seit 1976 schon gab es in der Sendung die Geschichten des „Lausejungen Bumfidel", der mit seiner alleinerziehenden Mutter in Hamburg lebte; und von 1978 an moderierten Schauspieler wie Henning Venske und Liselotte Pulver die „Sesamstraße".

Die 64er aber interessierten sich da längst nicht mehr für Bumfidel, sondern eher für Boney M., oder, wenn sie ein ganz klein bisschen cooler waren, für die Village People. Wirklich cool konnte 1978 ohnehin keiner sein, in einem Jahr, in dem die Bee Gees mit „Stayin' Alive" die Nummer eins in den USA waren.

Dass überhaupt über eine amerikanische Serie wie die „Sesamstraße" von Politikern und, sagen wir, Pädagogen, so heftig gestritten wurde, macht aber etwas deutlich, das heute fast vergessen ist: Fernsehen war für Kinder in den 60er-Jahren auch eine Art Aufnahme in die Gemeinschaft, weil jeder in diesen Jahren noch wusste, was die anderen, was die Nachbarn sahen. Weil alle über das Gleiche redeten, weil alle kaum eine Alternative zu den wenigen Programmen des deutschen Fernsehens hatten. Also war es so, dass auch die Kinder am nächsten Morgen mitreden konnten, weil sie an demselben Lagerfeuer saßen, um das sich auch die Erwachsenen scharten.

Vielleicht ist es heute noch so, dass Familien gemeinsam „Wetten, das..?" sehen. Vielleicht. In den 70er-Jahren aber war es ganz selbstverständlich, dass Rudi Carrell Eltern und Kinder am Samstagabend mit seinen Gags überrollte. Fernsehabende waren ein Familienfest. Und vielleicht sahen die Shows wie „Am laufenden Band" und besonders der Klassiker „Spiel ohne Grenzen" auch deshalb immer so aus wie zu groß geratene Kindergeburtstage, bei denen jeder mal auf den Topf schlagen durfte. Wie schön, wenn am Ende der Carrell-Show ein Toaster, ein Globus, ein Staubsauger und ein Farbfernseher auf dem laufenden Band vorbeifuhren. Alles, was die Kandidaten sich merken konnten, durften sie am Ende mit nach Hause nehmen. Besser kann eine Party doch nicht enden.

Aber Konsum ist nicht alles, und Wissen macht nicht nur „Ah!", sondern auch froh. Und so gab es natürlich auch schon die tollen Rateshows und die kleinen Freuden der Streber vor dem Fernseher – wie stolz waren die Kinder, wenn sie bei Wim Thoelkes „Großem Preis" die Risikofrage beantworten konnten. Vor allem dann, wenn ein Kandidat an ihr gescheitert war. Davon redeten die Eltern noch Tage, und die Kinder auch. Von Generationenkonflikt keine Spur.

Der WDR in Köln aber machte in dieser Zeit weiter mit der Idee, den Kindern in Deutschland etwas Eigenes zu bieten – auch wenn die 64er kaum noch Kinder waren, als der Sender in Köln 1977 einen Film ausstrahlte, der sich noch heute im Original als DVD sehr gut verkauft: „Die Vorstadtkrokodile". Längst legendär.

Der Fernsehfilm wurde nach einem Buch von Max von der Grün gedreht. Und er traf ziemlich genau das Lebensgefühl, das die 64er in ihrer Kindheit erlebten, wenn sie auf Bonanza-Fahrrädern durch die Wäldchen streiften, eigene Banden wie die Vorstadtkrokodile gründeten, zum Mittagessen mal kurz nach Hause kamen und dann wieder verschwanden, bis es dunkel wurde. Wer damals zehn, elf, zwölf oder dreizehn war, der wollte so sein, wie die Vorstadtkrokodile es waren, wie Maria oder Hannes an einem langen Sommertag am Rande der Stadt, im Baumhaus und der Bretterbude. Mit Spucken und Fluchen und Angeben. Das, was da im Fernsehen zu sehen war, war das wahre Leben. Oder zumindest eine Art Schimanski für Kinder.

Wobei: So ein bisschen gut gemachter Kitsch aus Amerika, die heile Welt der Blue Ridge Mountains, war auch nicht schlecht. Die Waltons mit ihren sieben Kindern waren vielen aus dem Jahrgang 1964 wahrscheinlich schon wegen

ihrer Familiengröße sympathisch. Von 1975 an erzählte John-
Boy die Geschichten eines besseren Amerikas auch im deutschen Fernsehen.

Und wer erinnert sich nicht an das „Good Night, John-
Boy", wenn im Haus der Waltons die Lichter erloschen? Gute
Nacht, alle zusammen. Denn dann war der Fernsehabend
vorbei, man drückte auf das harte Plastik eines hart gelagerten
Schalters – und das Bild zog sich zusammen zu einem kleinen
Punkt in der Mitte, der langsam verschwand. So wie diese
Kindheit ohne Fernbedienung verschwand, die Jahre ohne HD
und Festplattenrekorder. Aber mit einer Maus, die sonntags-
morgens eine Welt erklärte, die man auch am Montag noch
verstehen konnte.

Interrail

Endlose Sommer auf der Eisenbahn, lange Fahrten von Oslo nach Portugal, mal einen Brief geschrieben, eine Karte. Fast nie zu Hause angerufen. Das klingt nach 19. Jahrhundert, aber es war die Jugend der 64er. Interrail hieß das Zauberwort, ein Ticket gültig für sechs Wochen und für Europa. Damals konnte man einfach mal weg sein.

Jeans

Irgendwann wollte man keine Kinderjeans von C&A mehr tragen, keine Palomino. Aber was dann? Die einen sagten, nur Levis sei überhaupt tragbar, im doppelten Wortsinn, die anderen sagten: Wrangler. Und es gab noch STA-Jeans. Auch cool. Schrecklich wurde es dann in der Popper-Zeit. Karottenjeans, wer wollte die denn tragen? Viele. Leider.

Kettcar

Zwei Jahre vor den 64ern kam das wahrscheinlich beste Tretauto in die Welt; und es ist vielleicht kein Zufall, dass es aus Deutschland kommt. Wer je kleine Jungs in einem Kettcar um die Wette hat rasen sehen, der weiß, warum deutsche Autobahnen eine Kampfzone sind. Früh übt sich. Das Kettcar ist mit 15 Millionen verkauften Exemplaren fast so erfolgreich wie der VW-Käfer. Und es wird immer noch gebaut, mit tiefer Straßenlage und Hinterradantrieb, wie eh und je. Vielleicht überholt es den Käfer ja noch.

Johannes B. Kerner

* 9. Dezember 1964

Fernsehmoderator

Er hat eben eines seiner Kinder in den Kindergarten gebracht, nun sitzt er in Jeans und Pullover in seinem Büro im alten *Stern*-Gebäude an der Außenalster in Hamburg – in dem Haus, in dem einst die gefälschten Hitler-Tagebücher in den *Stern* gehoben wurden. In diesem weißen Bürohaus hat Johannes B. Kerner einen langen Holztisch in den Raum gestellt, einen Schreibtisch und Regale. Bilder seiner Frau und seiner Kinder lehnen an der Wand; und wenn man den Blick von der Alster abwendet, sieht man ein Foto vom Abend des 9. November 1989: Kerner steht vor der Berliner Mauer, die gerade Löcher bekommt. Schon damals hat er Fernsehen gemacht, bei der Abendschau des Senders Freies Berlin. Da war er 25.

Herr Kerner, können Sie sich noch an Ihr erstes Fernseherlebnis erinnern?
An die Atmosphäre damals, an die kann ich mich erinnern, und an zwei halbwegs konkrete Sachen: Das eine ist die Fußballweltmeisterschaft 1974 in Deutschland, da erinnere ich mich an das Finale. Wir hatten einen weißen Fernseher zu Hause, der hatte natürlich keine Fernbedienung, die hatte ja keiner in der Zeit, aber er hatte Sensortasten, die man nur ganz leicht berühren musste. Das war damals state of the art.

Und ich kann mich sehr gut an das Spiel erinnern und an den Flokati vor dem Fernseher, denn ich habe auf dem Boden gesessen. Ich wollte nach zwei Minuten das Fernseherlebnis abbrechen, weil mir richtig körperlich schlecht war, weil Deutschland so schnell in Rückstand geraten war. Nachdem Johan Neeskens für Holland den Elfmeter geschossen hatte. Dann hat mein Vater, der mit Fußball nicht so viel zu tun gehabt hat, mich einfach nur aus pädagogischen Gründen gezwungen, das weiterzugucken. Hysterie, das lassen wir hier nicht zu, das war ihm wichtig, nicht wegen Fußball. Das war ein prägendes Erlebnis.

Und die zweite Sache, an die Sie sich erinnern?

Das war die ZDF-„Hitparade". Ich habe mit meinem Kassettenrecorder, den ich zur Kommunion geschenkt bekommen hatte, ich glaube, es war ein Telefunken, immer die Lieder aus der „Hitparade" aufgenommen. Nicht mit einem Aufnahmekabel, sondern mit dem integrierten Mikrofon. Und es durfte niemand durchs Wohnzimmer gehen in diesen Minuten der Aufnahme, das war natürlich heilig, wenn da jemand aus der Küche gerufen hat: „Es gibt Essen" – dann war die ganze Aufnahme ja dahin. Dieter Thomas Heck hat ja auch schon immer ins Intro gequatscht.

Wann wollten Sie unbedingt zum Fernsehen zu Hause sein, damals als Kind und Jugendlicher?

Zur „Sportschau". Das war's für mich, als ich älter wurde, immer die „Sportschau". Das weiß ich alles bis in jedes Detail, das könnte ich Ihnen jetzt hier aufmalen. Ich habe ja auch, wenn ich vorher draußen Fußball gespielt habe, immer mitkommentiert, mein eigenes Spiel. Und dann habe ich mir abends in der „Sportschau" meine Helden angesehen.

Ist die Erinnerung an damals schwarz-weiß?

Nein, die war von Anfang an bunt. Ich weiß natürlich, dass televisionäre Heiligtümer wie Dick und Doof schwarz-weiß waren, aber meine Fernseherinnerungen sind in Farbe, bin ich nicht jung?

Und der Fernseher, der stand im Wohnzimmer?

Ja, der Fernseher. Und damit ist ja auch schon die Information gegeben, dass es nur einen gab.

Und alle saßen drumherum um dieses Lagerfeuer, nicht nur bei den Fußball-Weltmeisterschaften.

Ja, ich habe auch noch Erinnerungen an die großen Samstagabend-Shows, um 20.15 Uhr, vor allem bei Oma und Opa, bei meinen Eltern wurde nicht so viel Fernsehen gesehen. „Am laufenden Band", „Auf Los geht's los". „Dalli Dalli" kam donnerstags, „Der Große Preis" auch, 19.30 Uhr, das war der

ZDF-Showplatz, und die „Starparade". „Musik ist Trumpf",
„Einer wird gewinnen", aber dafür kamen wir eigentlich zu
spät, auch für Vico Torrianis „Goldenen Schuss", man könnte
sagen: Gnade der späten Geburt.

Welche Show hat Ihnen am besten gefallen, damals?

„Spiel ohne Grenzen", ganz klar, der Städtevergleich. Samstags,
und mittwochs die internationale Ausgabe, toll, wenn der italienische Schiedsrichter dann sagte: Attenzione, tre, due, uno. Und
dann die Trillerpfeife. Generationen von Fernsehschaffenden
haben ja später versucht, das nachzuahmen, diese Show. Wie
viele Gespräche bei Fernsehdirektoren haben angefangen mit
dem Satz: Man müsste noch mal so was machen wie „Spiel
ohne Grenzen" ... Ungezählte Gespräche. Es war groß, es war
laut, es war lustig, aber die haben es geschafft bei „Spiel ohne
Grenzen", das Banale ernst zu nehmen, und heute wird das
Banale banal gemacht. Alles ist gleich Halligalli. Am ehesten
schafft das heute noch Stefan Raab, das Banale ernst zu nehmen.

**Sie sagen, Ihre Eltern haben nicht so viel Fernsehen
geschaut. Wieso?**

Ganz einfach, die sind nicht mit Fernsehen groß geworden,
deshalb war Fernsehen auch nicht ein Teil ihres Lebens, es
kam später hinzu, und sie haben es dann sehr dosiert einge-

setzt. Mein Vater guckt heute noch ausschließlich Nachrich-
tensendungen.

Diese Generation schaut auch nicht morgens Fernsehen.

Natürlich nicht, das ist in meiner Familie, für meinen Vater
unvorstellbar. Fernsehen beginnt, wenn überhaupt, mit den
Nachrichten um 20 Uhr.

Schalten Sie morgens den Fernseher ein?

Sehr selten, manchmal sehen wir uns mit den Kindern die
Tore der Fußballspiele vom Vorabend an.

Sport war immer wichtig, oder?

Oh ja, früher, als wir in Berlin lebten, habe ich mir sogar
die Wartezeit auf die „Sportschau" mit der DDR-„Sportschau"
verkürzt, die kam eine halbe Stunde früher, da habe ich
dann immer DDR-Oberliga gesehen. Die „Sportschau"-
Moderatoren im Ersten, das waren natürlich meine Götter:
Addi Furler, Ernst Huberty, Fritz Klein, Eberhard Stanjek.
Das war ja eine Zeit, in der längst nicht jedes Spiel übertragen
wurde, die zeigten ja nur drei Spiele. Man musste am Anfang der Sendung immer sehr hoffen, dass das Spiel,
das einen interessierte, auch dabei ist. Bayern – HSV, oder
Gladbach – Köln, so was war ja gesetzt, aber manchmal war
das Spiel, das man unbedingt sehen wollte, auch nicht dabei.

Gab es Kämpfe mit den Eltern, ob Sie die Länderspiele zu Ende sehen durften, wenn am nächsten Tag Schule war?

Ich kann mich an die Europapokalspiele erinnern, da durften wir lange wach bleiben. Aber ich weiß noch, dass wir längst nicht jeden Tag Fernsehen geschaut haben, das war eher so eine Wochenendgeschichte. In der Woche Fernsehen? Das war eigentlich kein Thema.

Können Sie sich erinnern, wie Sie als Kind die Nachrichten erlebt haben?

Ich bin ja in Bonn groß geworden, die ersten vierzehn Jahre, und habe intensive Erinnerungen an die Terroristenzeit. An das, was man später den Deutschen Herbst nannte. Diese Geschichte war wegen der Politiker in Bonn natürlich besonders präsent. Mein Vater war Ministerialbeamter, und wenn wir ihn mittags nach der Schule besuchten und mit ihm in der Kantine essen wollten, dann wurden wir natürlich erst mal vom Bundesgrenzschutz kontrolliert.

Und Olympia 1972, der Terror?

Meine stärkste Erinnerung an die Olympischen Spiele in München ist eigentlich keine Fernseherinnerung, sondern eine Erinnerung an ein Olympiabuch, das es damals bei Tchibo sehr schnell nach Olympia gab. Das hatte ich, und das habe ich dann abends durchgeblättert, täglich. Auf den ersten sieben, acht Seiten ging es um das Attentat, um die Entführung und Ermordung der israelischen Sportler, die ausgebrannten Hubschrauber nach dem missglückten Befreiungsversuch auf dem Flugplatz Fürstenfeldbruck waren zu sehen. Vor den Bildern hab ich mich immer gefürchtet. Vor den Bildern der Terroristen im olympischen Dorf auch. Um die Fotos in dem Buch nicht zu sehen, habe ich dann immer versucht, die ersten sieben, acht Seiten in einem Stück zu fassen, um so darüber hinwegzugehen, das zu verdrängen, um dann gleich mit dem 100-Meter-Lauf zu beginnen. Das war mein Start in die Olympischen Spiele.

Die 70er-Jahre waren ja ohnehin eine gute Zeit, um Angst zu bekommen, wenn man die Fernsehnachrichten angesehen hat.

Ja, mich hat das auch geängstigt, als Karl-Heinz Köpcke erzählte, wie Hanns Martin Schleyer entführt wurde, 1977. Daran erinnere mich gut. Auch das könnte ich Ihnen noch aufmalen, die zerschossene Wagenkolonne in der Kölner Vincenz-Statz-Straße, der alte Mercedes mit den offenen Türen, halb auf dem Bürgersteig. Der Kinderwagen, mit dem die Terroristen Schleyers Fahrer zum Anhalten gezwungen hatten, perfide. Extreme Erinnerungen sind das.

Irgendwann gab es mehr als einen Fernseher in den meisten deutschen Familien. Wann hatten Sie denn Ihren ersten eigenen Fernseher im Kinderzimmer?

Gar nicht, ich hatte keinen, aber mein Bruder, der hatte dann irgendwann ein kleines Schwarz-Weiß-Gerät in seinem Zimmer. Ich hatte das nie. Und ich muss Ihnen die Wahrheit sagen: Meine Kinder haben heute auch keinen Fernseher im Zimmer. Wobei man sagen muss, wir haben ein extra Fernsehzimmer für alle, wir nennen das Medienraum, das klingt ein bisschen intelligenter.

Was war denn Ihr erster „Tatort"?

Gar keiner, ich gucke keinen „Tatort", wahrscheinlich bin ich der Einzige in Deutschland, aber ich gucke den nicht. Mein Leben ist aufregend genug, ich brauch das nicht, wirklich. Meine Frau, meine Tochter gucken „Tatort", für die ist sonntags 20.15 Uhr ein heiliger Termin. Für mich aber nicht. Wobei ich einige der „Tatort"-Schauspieler ganz toll finde, Axel Milberg zum Beispiel, Ulrike Folkerts oder auch Jan Josef Liefers als Rechtsmediziner. Ich habe aber nie einen Tatort von Anfang bis Ende gesehen. Ich gucke auch keine anderen Krimiserien, auch nicht „Aktenzeichen XY", davor hatte ich ja schon als Kind Angst. Diese Filmeinspielungen damals, gruselig: Das ist Simone F., es ist Freitagmorgen, noch weiß sie nicht, dass es ihr letzter Spaziergang sein wird … Ich schaue niemals etwas, was mich emotional anspannt.

Aber ist das nicht die Idee von Fernsehen?

Anspannen? Nein, entspannen.

Und Sport?

O.k., aber ich schaue außer Sport nichts, was mich aufregt.

Und sonst?

Nachrichten, politische Dokumentationen. Und ganz, ganz selten Talkshows.

Wann fing das eigentlich an mit den Talkshows? Können Sie sich erinnern, als Kind solche Sendungen gesehen zu haben?

Nein, das gab es so noch nicht. Es gab ein Format dieser Art im Theater in Bonn, da ging meine Mutter manchmal hin, in so ein Kellertheater. Das hieß Montagsclub oder so, da saßen Leute auf der Bühne und wurden zu ihrem Leben befragt, aber nur für das Publikum im Theater. Eigentlich ein sehr schönes Format.

Der Fernseher im Wohnzimmer ist längst nicht mehr das Lagerfeuer der Familie. Jeder schaut für sich, und längst nicht mehr nur auf dem Fernsehgerät. Verändert das die Gesellschaft?

Ich glaube, dass die Vielzahl der Geräte längst nicht so ent-
scheidend ist wie die Vielzahl der Programme und Angebote,
die ja zumindest immer mehr werden.

Gab es Fernsehen damals bei Ihnen in der Schule?

Nein, es gab doch diese Lehrfilme des FWU, dieses Geräusch
beim Abspielen, und dann, wenn der Film zu Ende war, dieses
rrrrrrrrr des Endstückes auf der Rolle, das waren unsere
Medien in der Schule. Da wurde das Klassenzimmer abgedun-
kelt, und ich bin manchmal weggedämmert. Aber wir hatten
dieses tolle Sprachlabor. Mit Kopfhörern und Mikrofonen an
den Plätzen, sehr Seventies, sehr fortschrittlich.

**Was unterscheidet die Fernsehleute Ihrer Jahrgänge von
den später Geborenen, die heute auch Programm machen?**

Ich glaube, dass wir immer versucht haben, die Form weiter zu
modernisieren. Diejenigen, die nach uns gekommen sind,
versuchen auch den Inhalt stärker zu verändern – mit so etwas
wie Scripted Reality, diesen Pseudo-Dokumentationen, die ja
am Ende Inszenierungen sind und mit dem wirklichen Leben
nichts zu tun haben.

**Wann haben Sie zum ersten Mal Film, Fernsehen oder
Sport auf dem Laptop gesehen und nicht am Fernsehgerät?**

Ich glaube, das habe ich eigentlich noch nie.

Hymnen
Der Soundtrack ihres Lebens

Hymnen

Irgendwann wird es das letzte Album der Rolling Stones geben. Das ist schwer vorstellbar. Genauso schwer fällt allerdings die Vorstellung, dass es einmal ein erstes Album der Stones gegeben haben muss. Einen Anfang also. Einen Beweis dafür, dass sie nicht immer da waren, sondern irgendwann damit begonnen haben, diese Welt mit ihrem Soundtrack für zwei Jahrhunderte zu beschallen. Und wann machten sie diesen Anfang?

Im Jahr 1964.

Das erste Studioalbum hieß, wie auch sonst, ganz schlicht: „The Rolling Stones". Die Stones nahmen es im Januar und Februar 1964 in London auf und brachten es im April und Mai in Europa und den USA (dort stand auf dem Titel: „England's Newest Hitmakers") auf den Markt. Eine Rekordzeit ist das, wenn man bedenkt, dass spätere Stones-Alben Jahre brauchten, um fertig zu werden; und man noch nicht einmal den Eindruck hatte, dass die Band die Jahre zwischen den Platten genutzt hatte.

Aber in den 60ern ging alles schnell, und so wurde die erste LP der Stones auch bald auf den ersten Platz der britischen Charts katapultiert; die Deutschen waren noch nicht ganz so sicher in ihrem Geschmacksempfinden, aber immerhin billigten sie Mick Jagger, Keith Richards, Brian Jones, Bill Wyman und Charlie Watts 1964 schon einmal einen zweiten Platz unter den Top-Alben zu.

Die Amerikaner waren in ihrer Begeisterung noch zurückhaltender, mehr als Platz 11 war für die erste Studio-LP der Stones nicht drin. Was eigentlich ein bisschen unfair war, da die Version, die in den USA verkauft wurde, immerhin eine Art Stereo-Effekt bot, während die Ausgaben für England und Deutschland nur Mono-Sounds in die Lautsprecher schickten.

Viel Eigenes war auf diesem ersten Werk von den Stones ohnehin nicht zu hören, die meisten Songs waren Coverversionen, doch hinter „Tell me" (zu hören auf der zweiten Seite, damals musste man Platten ja noch umdrehen) standen schon die beiden Autorennamen, die einmal so berühmt werden sollten: „Jagger / Richards".

Hier begann also eine Geschichte, die fast unendlich zu sein scheint. Schon deshalb, weil nicht ganz klar ist, ob der in den 80ern so oft zitierte Witz, dass nur Kakerlaken und Keith Richards den Atomkrieg überleben würden, wirklich ein Witz ist.

Und doch waren vier andere Engländer – John Lennon, Paul McCartney, George Harrison und Ringo Starr – schon wesentlich weiter als die Stones, die 1964 erst langsam ins Rollen kamen. Die Beatles standen im März und April jenes Jahres auf Platz 1 der deutschen Singlecharts mit „I Want to Hold Your Hand", was umso bemerkenswerter ist, wenn man sich die Stücke anschaut, die den Deutschen noch im Januar 1964 am besten gefallen hatten. Da stand Cliff Richard auf Platz 1 mit „Rote Lippen soll man küssen" und Paul Kuhn auf Platz 5 mit: „Es gibt kein Bier auf Hawaii."

Wer da nicht gleich eine gewisse Dankbarkeit für die Beatles verspürte, dem war kaum zu helfen. Und die, denen nicht zu helfen war, schlugen im Juli und August in Deutschland wieder zu: Platz 1 für Siw Malmkvist: „Liebeskummer lohnt sich nicht".

Auch in England, der Heimat der Beatles und der Rolling Stones, war die Bilanz am Ende des Jahres 1964 eindeutig. Die Beatles hatten vier Nummer-eins-Singles in den Charts: „I Want to Hold Your Hand", „Can't Buy Me Love", „A Hard Day's Night" und „I Feel Fine". Die Stones hatten nur zwei: „It's All Over Now" und „Little Red Rooster". Selbst in den USA waren die vier aus Liverpool eine Macht: Anfang April 1964 besetzten sie dort gleich die ersten fünf Plätze der

Charts. Was zum einen sicher an der Musik gelegen hat, zum anderen aber auch an der Tatsache, dass niemand besser in den Vereinigten Staaten gelandet war als die Beatles. Und das in einem sehr wörtlichen Sinne. Zum Auftakt ihrer ersten USA-Reise gaben sie gleich am Flughafen in New York eine fulminante Pressekonferenz. Kaum, dass sie dem PanAm-Jet entstiegen waren.

„Werden Sie etwas für uns singen?", wollte ein Journalist wissen.

„Nein, nicht bevor wir dafür Geld bekommen haben", sagte John Lennon.

Der nächste Reporter: „In Detroit werden Aufkleber verteilt, auf denen steht: ‚Löscht die Beatles aus'."

„Wir werden eine Kampagne auflegen, die heißt: ‚Löscht Detroit aus'", antwortete Paul McCartney.

Nächste Frage: „Wie viele von euch haben eine Glatze, sodass ihr diese Perücken tragen müsst?"

Ringo: „Alle."

Paul: „Ich habe eine Glatze."

John: „Oh ja, wir haben alle eine Glatze."

Paul: „Verraten Sie es niemandem."

John: „Wir sind auch taub und stumm."

Und noch ein Reporter: „Was halten Sie von dem Gerede, dass Sie für eine Art soziale Rebellion stehen?"

John: „Es ist eine schmutzige Lüge, eine schmutzige Lüge." Und alle lachen. Laut.

Das war der 7. Februar des Jahres 1964 in New York. Wenn man sich erinnert, wie John Lennon in dieser Stadt ankam, mit welch sagenhaftem Witz, ist es vielleicht noch unbegreiflicher, ach was, trauriger, dass er ausgerechnet hier 1980 ermordet wurde. Aber da waren die Beatles auch schon Geschichte.

Lennon, McCartney, Harrison und Starr hatten sich schon 1970 getrennt, und die ewige Frage nach einem Comeback hatte sich mit dem schwarzen Dezembertag im Jahr 1980, mit dem Tod John Lennons, endgültig erledigt. Damals standen die Stones übrigens mit dem vielsagenden Titel „Emotional Rescue" in den Charts. Aber das rettete niemanden. Und Mick Jagger beschwerte sich später, dass Yoko Ono, Lennons Frau, auch ihn von seinem alten Freund John ferngehalten habe. Damals, als beide in New York wohnten, und einer bald nicht mehr lebte.

Die unglaubliche Präsenz der Beatles in jenem Jahr 1964 überdeckte fast alles, nicht nur die Anfänge der Stones. Auch einen Song, der später weltberühmt werden sollte, ein schönes schwermütiges Lied, das 1964 zum ersten Mal auf Vinyl gepresst und zunächst fast vergessen wurde: „The Sound of Silence" von Simon and Garfunkel. Wobei zur Geschichte auch gehört, dass Paul Simon und Art Garfunkel sich gerade erst den großen Gefallen getan hatten, nicht mehr unter dem Namen Tom & Jerry aufzutreten.

Wie auch immer, der Klang der Stille umfing das Stück selbst, als die beiden New Yorker es 1964 für ihre LP „Wednesday Morning, 3 A.M." aufnahmen. Es passiert nicht oft, dass drei Minuten und ein paar Sekunden Musik erst verpuffen und dann noch so berühmt werden. Aber: Spätestens im Jahr 1967, als der Song zum Soundtrack des Films „Die Reifeprüfung" gehörte, konnte ihn dann jeder Student in Berkeley oder Harvard, in Bielefeld oder West-Berlin singen. Sich dazu auch ganz wunderbar weich schwingend durch die Abende bewegen. Das ging natürlich auch noch ein bis anderthalb Jahrzehnte später, als die 1964er älter wurden, fünfzehn, sechzehn Jahre, in den Partykellern, da war „The Sound of Silence" für eine ganze Jugendzentrums-Generation die Melodie, die den Weltschmerz bis in den frühen Morgen fliegen ließ.

„Hello darkness, my old friend I've come to talk with you again".

So schön tiefgründig fing alles an. Und dann noch die Zeile von den Leuten, die Lieder schreiben, die nie jemand singen wird. Traurig, aber wahr. Das kannten selbst Paul Simon und Art Garfunkel nur zu gut.

Für Paul Simon sollte dieses Jahr, in dem er „The Sound of Silence" aufnahm, später noch eine ganz andere Bedeutung bekommen. Denn 1964 war auch das Jahr, in dem Nelson Mandela zu lebenslanger Haft verurteilt wurde und anschließend fast drei Jahrzehnte im Gefängnis saß. Simon war nach dem Ende der Apartheid in Südafrika einer der ersten Künstler, die Mandela, der Mann, der jetzt in Freiheit war, in sein Land einlud.

Warum? Weil Paul Simon 1986 gemeinsam mit südafrikanischen Musikern das wunderbare Album „Graceland" aufgenommen hatte. Es war ein Riesenerfolg, aber es gab auch einen Riesenstreit um dieses Werk, weil nicht wenige Simon vorwarfen, dass sein Zusammenspiel mit Musikern aus Pretoria den Kulturboykott gegen das Apartheidsregime unterlaufen habe. Es war ein seltsames Argument, und Mandela ging noch nicht mal darauf ein, als alles vorbei war.

Er lud Simon, wie gesagt, einfach ein. In sein Südafrika. 1991, als Nelson Mandela schon ein Jahr in Freiheit war, da gab Paul Simon sein großes Konzert im Central Park. Zu einer Zeit, als viele der 1964 Geborenen sich endlich Flugtickets nach New York leisten konnten, als sie richtig erwachsen wurden. Vielleicht war es kein Zufall, dass „The Sound of Silence", der Song aus ihrem Geburtsjahr, der Höhepunkt dieses Abends im Central Park war. Es war ein Fest, und der ganze Park war eine Stimme, als Simon die Zeile sang: „And in the naked light I saw/Ten thousand people, maybe more." Alle fühlten sich angesprochen, da unten auf der Wiese.

Alle? Na, ja. Simon and Garfunkel war ja auch immer Studenten-, war schöne Mädchenmusik. So wie Cat Stevens, der noch heute als Yusuf jede zarte Seele trifft. Die Jungs aber hatten Alternativen: Deep Purple und Led Zeppelin. Und die Kunststudenten hatten Pink Floyd. Mitte der 70er-Jahre war keine Party ohne „Smoke on the Water" oder „Stairway to Heaven" denkbar, zumindest dann nicht, wenn man all die Leute, die Supertramp mochten, nicht eingeladen hatte.

Manchmal ging das zwar irgendwie noch zusammen, aber seltsam war es schon, als Ende der 70er, genauer gesagt 1979, Pink Floyd, der Hort der Avantgarde, plötzlich von jedem gehört wurde. Der Band wird es recht gewesen sein, aber „The Wall", dieses Konzeptalbum (auch eine vergessene Gattung), das eine große Geschichte erzählte, wurde dann doch sehr nervig auf die eine Single reduziert, unter Fachleuten auf „Part 2" von „Another Brick in The Wall".

„We don't need no education.
We don't need no thought control.
No dark sarcasm in the classroom.
Teachers leave them kids alone.
Hey! Teachers! Leave them kids alone!"

„Lehrer, lasst die Kinder in Ruhe. Lehrer, lasst die Kinder in Ruhe." Tausendmal gebrüllt in der Oberstufe, und zwar mit Inbrunst und nicht mit gespielter Luftgitarrenlässigkeit wie bei „Smoke on the Water". Tausendmal analysiert von Schülerzeitungsredakteuren. Später Stoff im Englischunterricht, das war natürlich das Ende.

Rund 30 Millionen Mal verkauften Pink Floyd „The Wall". Michael Jackson war dann mit seinem Album „Thriller" zwar noch viel erfolgreicher, aber das meistverkaufte Doppelalbum ist „The Wall" geblieben. Und wird es wohl auch bleiben, weil das Doppelalbum, zwei Platten in einer Pappe, als solches ja zu Recht ausgestorben ist.

Pink Floyd konnte sich bei „The Wall" noch auf die geburtenstarken Jahrgänge der 60er-Jahre verlassen, besonders in Deutschland. Die Band gab auf ihrer Tournee im Winter 1980/1981 allein in der Dortmunder Westfalenhalle acht Konzerte hintereinander. Das waren mehr Auftritte als zuvor in Los Angeles. Und das machten auch die 64er im Westen Deutschlands möglich. Damals waren sie sechzehn, siebzehn, und was war cooler, als endlich ein Pink-Floyd-Konzert in der Westfalenhalle zu sehen? Nichts. Wer es sich leisten konnte, ging hin.

Es ist auch kein Zufall, dass damals, Anfang der 80er, die Ära der Rockkonzerte in Fußballstadien begann. So spielten die Rolling Stones 1982 auch im Stadion des 1. FC Köln. Alle Karten für das erste Konzert waren an einem Tag verkauft, sodass sie auch hier noch ein Zusatzkonzert gaben. Das alles war natürlich nur möglich, weil es plötzlich so viele, viele Sechzehnjährige, Siebzehnjährige, Achtzehnjährige gab, die ganz selbstverständlich die Stadien füllten, wenn die Stones nach Deutschland kamen. Stadionrock ist also auch eine Erfindung der 64er, oder zumindest wurde er für sie erfunden, damit sie überhaupt alle Platz haben, wenn sie kommen.

Wie es war, als plötzlich eine so große Generation heranwuchs, erfuhren natürlich auch deutsche Musiker. 1981 und

1982 waren das vor allem der Kölner Wolfgang Niedecken und seine Band BAP, die erlebten, wie es ist, wenn einen plötzlich Millionen hören und sehen wollen. Das BAP-Album mit dem für nicht aus dem Rheinland stammende Menschen doch eher rätselhaften Titel „Für usszeschnigge!" (Zum Ausschneiden) verkaufte sich mehr als eine Million Mal. Und auf der Platte war ein Lied, das auch zur Hymne einer Zeit wurde: „Verdamp lang her". Der deutsche Evergreen der 80er.

Dieses Lied, das die Leute, die heute Mitte 40 bis Mitte 50 sind, durch ihre Jugend begleitet hat, ob sie es wollten oder nicht, das auf jeder Klassenparty lief, von jeder Schülerband gespielt wurde, und das bis heute noch Stadien voller Menschen zum Mitsingen bringt, dieses Lied hat ein Sohn vor allem für seinen Vater geschrieben. Wolfgang Niedecken für Josef Niedecken.

Es ist ein trauriges Lied.

Es ist auch ein Waffenstillstandslied. Ein Lied am Ende eines langen Kampfes mit einem Vater, mit dem erzgläubigen Katholiken, dem NSDAP-Mitglied, dem Kleinbürger, dem gütigen Erbsenzähler und Kölner Lebensmittelhändler Josef Niedecken, an dem sich sein Sohn so lange abgearbeitet hat, bis es zu spät war, ihm noch ein wenig Gnade zukommen zu lassen.

Zu spät, ihm seine Liebe zu zeigen. Josef Niedecken war schon tot, als der Sohn spürte, dass auch das wärmste Gefühl der moralischen Überlegenheit irgendwann lau wird. Bap, das heißt ja Vater.

„Verdamp lang her, dass ich bei dir am Grab war, verdamp lang her, dass wir gesprochen haben. Und dass vom einen auch was beim anderen ankam."

„Das ganze Lied ist ein Mea culpa", sagt Wolfgang Niedecken über seinen bekanntesten Song. „Es hat mir hinterher so was von leid getan, wie ich mit meinem Vater umgegangen bin. Als er starb, da war ich gerade 29."

Josef Niedecken hat nicht mehr erlebt, wie sein Sohn Wolfgang im Juli 1982 im Vorprogramm der Rolling Stones spielte, im ausverkauften Kölner Stadion. Eine große Sache war das. Mick Jagger kam mit dem Konzert-Veranstalter Fritz Rau genau in dem Moment ins Stadion, als Niedecken „Verdamp lang her" anstimmte. Was folgte, klang wie eine Explosion. Zehntausende hoben ab mit ihrer Band, brüllten das Lied in den Himmel hinein. Und Jagger fragte Rau: „What the hell is this, Fritz?"

Ja, was war das? Das war der Moment, in dem aus einem Song über einen Vater endgültig eine Hymne wurde. Auch das ist ein Stück deutscher Nachkriegsgeschichte, das ohne die Hunderttausenden 64er und die Jahrgänge um sie herum nicht möglich gewesen wäre.

Roger Waters, einer der Übriggebliebenen von Pink Floyd, einer der Übriggebliebenen von „The Wall", besann sich nach dem Fall der wahren Mauer, der in Berlin, noch einmal auf sein deutsches Publikum, das ihm in den 80ern so viele ausverkaufte Konzerte beschert hatte. Im Juli 1990 ließ er am Potsdamer Platz, auf dem ehemaligen Mauerstreifen, „The Wall" noch einmal aufführen. Es wurde ein großes Spektakel, auch die Scorpions und Bryan Adams waren dabei, und wieder gab es einen Zuschauerrekord: 300 000 Menschen sahen sich an, was Roger Waters sich als Mauerchoreografie hatte einfallen lassen. Für echte, für alte Pink-Floyd-Fans war es zwar irgendwie ein Verrat am Werk. Für die Hunderttausenden am Potsdamer Platz aber war es ein historischer Moment. Denn für viele verschmolz die Hymne ihrer Jugend nun mit einem Weltereignis, mit dem endgültigen Ende des Kalten Krieges.

Und wie mögen sich für die 64er aus dem Osten Deutschlands, für Leute wie Jan Josef Liefers, jetzt diese alte Zeilen von Pink Floyd angehört haben?

„We don't need no education.

We don't need no thought control.

No dark sarcasm in the classroom."

Auch das war vorbei.

Das Konzert am Potsdamer Platz war und ist das einzige in der Weltgeschichte, das gleichzeitig in zwei verschiedenen Staaten gespielt wurde, in der Bundesrepublik und in der DDR in ihren letzten Zügen. Die Welt war erschüttert in diesem Jahr 1990, nicht nur in Berlin. Auch in Russland und in Südafrika.

Nelson Mandela wurde endlich freigelassen; und mancher musste in diesen Zeiten, als die Mauer und die Apartheid fielen, vielleicht an Muhammad Ali beziehungsweise Cassius Clay denken – an den Mann, der 1964, nachdem er seinen ersten Weltmeistertitel gewonnen hatte, im Ring getobt hatte. Immer wieder die Worte gerufen, ja gesungen hatte: „I am the greatest" und „I shook up the world, I shook up the world." Auch das war eine große Hymne des Jahres 1964. Und der Boxer hatte sie sich für all das, was noch kommen sollte, einfach selbst gesungen. So laut er konnte.

Lurchi

Der Feuersalamander Lurchi, schwarz-gelb gefleckt, ist älter als die 64er. Er wohnt seit fast acht Jahrzehnten in den Kinderzimmern und den Salamander-Schuhläden. Anfangs sollte er die kleinen Kinder nur beruhigen, sie mit seinen Geschichten fesseln, damit sie nicht störten: Denn sie durften sich mit Lurchi-Heften beschäftigen, während die Erwachsenen sich neue Schuhe kauften. Bald gab es Lurchi auch als Gummitier. Und so wurde in den 70ern das Schaumbad das natürliche Lebensumfeld von Lurchi. Ein kleiner Gummisalamander war immer dabei, wenn Deutschlands Kinder baden gingen.

Mofa

Nie war die Freiheit größer, und nie war sie langsamer. Wer Ende der 70er, Anfang der 80er ein Mofa hatte, der konnte in die Welt fahren. Mit 15 Jahren, mit wehenden Haaren und mit genau 25 km/h. Mehr war eigentlich nicht erlaubt, aber fast alle Mofas waren frisiert, so nannte man es damals, wenn man den Motor und den Auspuff manipulierte. Wahrscheinlich hätte damals kaum jemand gedacht, wie schnell die Zeit der Mofas Vergangenheit sein würde. Der Anfang vom Ende war die Helmpflicht, die 1985 auch für Mofafahrer eingeführt wurde. Da war's vorbei mit den wehenden Haaren.

Wolfgang Niedecken

* 30. März 1951

Musiker,

schrieb den 64ern den Soundtrack ihrer Jugend

Wolfgang Niedecken hat sich schon ab und an mit dem Älterwerden beschäftigt, nicht erst seit seinem Schlaganfall. Er macht das auf seine Weise, mit Musik und Gedanken, aus denen Lieder werden. Trotz allem wirkt er noch jung; er hat eine ganze Generation mit der Musik von BAP beeinflusst, so viele Leute, die Mitte der 60er-Jahre geboren wurden. Das gefällt ihm, und es freut ihn, auch jetzt an diesem Münchner Nachmittag in seiner Künstlergarderobe zwischen Soundcheck und Konzert. Gleich wird er seine Frau Tina treffen, sie wurde 1964 geboren. Schon deshalb mag er dieses Jahr.

1964 war ein besonderes Jahr, weil die Rolling Stones ihre erste Studio-LP veröffentlicht haben. Können Sie sich daran erinnern?

Ehrlich gesagt nicht, ich war zu der Zeit erst mal froh, dass ich die Beatles für mich entdeckt hatte. Meine erste Platte war tatsächlich eine Beatles-Platte, auf der einen Seite stand „From me to you", auf der anderen Seite stand „Thank you Girl". Und ich dachte, der Interpret würde Odeon heißen, denn das stand ja ganz groß da drauf. Ich wusste nicht, dass das der Name des Plattenlabels war. Ich fand die Platte aber klasse, vor allem die Rückseite: „Thank you, Girl", das hat sich in der Pubertät schon ganz schön eingebrannt – „Danke, Mädchen".

Wie alt waren Sie da?

Da war ich dreizehn. Und dann habe ich meine Mutter so lange genervt, bis sie mir eine zweite Odeon-Platte gekauft hat. Und dann habe ich irgendwann geschnallt, dass es sich um die Beatles handelte. Erst danach bin ich dahintergekommen, dass es auch noch andere Bands gibt.

Die Beatles waren also der Anfang.

Definitiv, das war das Erste, was mich musikalisch komplett umgehauen hat. Man hat gleich gemerkt, das war unsere Musik, die gehörte nicht den Erwachsenen.

Wann kamen dann die Stones in Ihr Leben?

Das ging dann sehr schnell. Aber ich bin nicht reingefallen auf dieses Positionieren, von wegen das sind die Bösen, und das sind die Lieben, solche Geschichten. Das nicht, aber als meine Mutter dann die Beatles auch mochte, da fand ich das zwar prima, aber die Stones, die hatte ich für mich. Mit den Rolling Stones konnte man sich damals noch abgrenzen.

Und mit welchem Song ging das los?

Ich glaube, auf dem ersten Album war „Carol" drauf, von Chuck Berry, und den haben wir immer, immer wieder auf Phantasie-

Englisch gesungen. Und „Tell me" haben wir dann nach-
gespielt als Band, das war immerhin ein echter Jagger/
Richards-Titel auf der ersten LP.

**Sie haben später mehrmals mit Mick Jagger auf einer
Bühne gestanden. Ist Ihnen das mit einem der Beatles auch
mal passiert?**
Nein, leider nicht. Ich habe sie zwar alle mal in verschiedenen
Formationen auf der Bühne gesehen, außer John Lennon,
aber ich habe keinen von ihnen persönlich kennengelernt.
Als die Beatles damals ihre *Bravo*-Blitz-Tournee durch
Deutschland machten, lag ich im Internat im dunklen Schlaf-
saal und kam da nicht weg. Ein Kumpel von mir hat sie in
Essen erlebt. Beneidenswert.

Wie war das, als Sie Jagger kennengelernt haben?
Er war sehr freundlich, sehr kollegial, hat gefragt, was wir
musikalisch machen, woher wir kommen und so weiter. Aber
wenn ich ehrlich bin, habe ich immer nur geschaut, wo Keith
Richards eigentlich bleibt.

Können Sie sich noch an den Sommer 1964 erinnern?
Aber hallo: Der 1. FC Köln hat damals die Deutsche Meisterschaft
gewonnen. Und gleichzeitig hatte ich ja die Beatles für mich entdeckt, die dann auch unmittelbar unsere Role-Models wurden.

Viele derjenigen, die 1964 geboren wurden, haben Sie später mit BAP und Ihren Songs stark beeinflusst. In den frühen 80ern haben Sie den Soundtrack für die Jugend dieser Leute geschrieben. Was waren denn Ihre Hymnen, als Sie 17, 18 Jahre alt waren?

Auf jeden Fall „Like a Rolling Stone" von Bob Dylan. Und dann habe ich ja diese Klassenarbeit geschrieben über „Sympathy for the Devil". Ich war 17, als die Stones im Jahr 1968 „Beggars Banquet" rausbrachten. Damals verlangte unser Deutschlehrer von uns eine Interpretation des Gedichtes, das uns am meisten beeinflusst hat. Mann, wir waren 17, mich haben da keine Gedichte beeinflusst. Lächerlich. Und weil wir „Sympathy for the Devil" auch mit der Band gespielt haben, habe ich das dann interpretiert. Aber die nächste Klassenarbeit wurde noch schlimmer. Da lautete die Frage, welches Theaterstück mich am meisten beeinflusst hätte. Und da habe ich dann über Andy Warhols „Flesh", über einen fixenden New Yorker Strichjungen, geschrieben. Da wollten sie mich dann endgültig loswerden.

Später, als Sie mit BAP auf der Bühne standen, sind so viele junge Leute zu Ihren Konzerten gekommen, diese Jahrgänge, die Mitte der 60er geboren worden waren. Ist Ihnen das aufgefallen?

Ja, klar. Ich habe mich auch manchmal gefragt, wo die denn alle herkamen, ich kam ja aus dem Staunen nicht mehr heraus.

Sie waren ja damals auf dem Cover der *Bravo*, Sie waren auch für die Teenies ein großer Star.

Aber das wollte ich überhaupt nicht. Ich war ja schon über dreißig, als das alles losging. Und die da unten standen, waren schon deutlich jünger. Viele sind uns ja hinterhergereist. Ich will den Vergleich nicht aufmachen, aber dadurch, dass die ganze BAP-Crew wie eine Familie wirkte, wurden wir plötzlich zu so etwas wie einem Vorläufer der Kelly Family. Ich hatte ohnehin mit diesen ganzen Showbiz-Mechanismen zu kämpfen, damit habe ich immer noch zu kämpfen, weil ich mich ja einerseits immer verwirklichen, andererseits aber auch dem Publikum gerecht werden wollte.

Bedeutet Ihnen das eigentlich etwas, dass Sie für viele aus dem Jahrgang 1964 und den angrenzenden Jahrgängen ein Teil ihrer Biografie geworden sind?

Ja, sicher. Und das freut mich auch sehr, wenn ich das höre. Ich lerne ja manchmal auch jüngere Musiker kennen, die mir das sagen. Oder auch Leute, die damals nichts mit mir am Hut hatten, die aber nach all den Jahren jetzt etwas mit mir zusammen machen wollen, weil ich anscheinend credible geblieben bin.

Es gibt nur wenige deutsche Musiker, die immer so ein großes Publikum vor sich hatten. Sieht man die Leute noch, wenn sie so viele sind?

Auf jeden Fall, ich muss die auch sehen, ich bin ja der Gastgeber, so verstehe ich mich. Wenn die Hände nicht irgendwann oben sind, oder die Leute im hinteren Bereich ständig Bier holen oder wegbringen, musst du was unternehmen.

Man sieht die Massen also?

Ja, aber man darf mit ihnen keinen Kindergeburtstag veranstalten. Tausendmal fragen „Seid ihr alle da?" oder „Do you feel alright?", „Clap your hands?" – das ist alles Quatsch. Du musst es aus der Hüfte machen, locker, sonst funktioniert es nicht.

Wie waren die 80er-Jahre für Sie, als plötzlich alle BAP hören wollten?

Das Erste, was mir zu den 80ern einfällt, waren diese furchtbaren Soundeffekte, die es damals auf allen Platten gab. Wenn ich mir von Springsteen ein Album wie „Born in the USA" anhöre, oder Bob Dylans „Infidels", dann denke ich mir immer, was würde ich dafür geben, so eine Platte ohne diese schrecklichen Soundeffekte zu hören. Übrigens haben wir ja mit „Ahl Männer, aalglatt" auch so eine Geschmacksverirrung abgeliefert. Die Mode war ebenfalls schlimm, du bekamst beispielsweise keine 501-Jeans mehr, es gab nur noch diese furchtbaren Karottenhosen, schlimm. Aber es gab natürlich auch jede Menge Leute, die genau das toll fanden. Für mich war das nix.

Ihre Frau wurde in den 80er-Jahren erwachsen. Wie ist es denn, mit einer Frau aus dem Jahrgang 1964 verheiratet zu sein?

Das ist super, wunderbar. Bei dem Titelsong meines Soloalbums „Zosamme alt" singe ich ja auch von dem langen Sommer, den wir erlebt haben. Ein langer Sommer meines Lebens, unseres Lebens. Wir beide haben auch nie groß über unseren Altersunterschied geredet. Es hat sich so ergeben, ich habe es nicht drauf angelegt. Meine erste Freundin war drei Tage jünger als ich, meine zweite zwei, drei Jahre, meine dritte noch ein bisschen jünger. Und dann ist mir Tina über den Weg gelaufen. Aber ich habe jetzt nicht den Rod-Stewart-Turnus gesucht: immer das gleiche Modell, nur jeweils zehn Jahre jünger. Das war nicht mein Ding. Meine Mutter war übrigens auch sechzehn Jahre jünger als mein Vater.

Hat denn Ihre Frau in ihrer Generation vieles anders erlebt, als Sie es erlebt haben?

Sie hat zumindest damals einen ganz anderen Musikge-
schmack angeschleppt. Frauen stehen ja ohnehin mehr auf
körperliche Musik, tanzbare Musik. Die wollen immer tanzen.
Deshalb stehen Frauen auch nicht auf Motorhead oder die
Ramones. Aber das ist ja auch gut so. Tina ist dann auch
tanzen gegangen, das habe ich nie gemacht. Und wenn doch,
war es eine Katastrophe. Ich war immer der typische Luft-
gitarrentänzer, der die Mädels gelangweilt hat mit wissens-
werten Sachen über die Songs, die da gerade laufen.

**Können Sie Ihrer Frau aus eigener Erfahrung sagen, wie
man mit Würde 50 wird?**

Na ja, als ich 50 wurde, drehten alle andern durch, ich aber
nicht. Ich bin auch nicht durchgedreht, als ich 60 wurde und
werde es wahrscheinlich auch nicht mit 70 tun. Ich mache mir
eher manchmal Sorgen, dass meine Frau mal ohne mich sein
wird, weil ich nicht mehr da bin. Die Niedecken-Männer sind
alle vor ihren Frauen gestorben.

Aber wie heißt Ihre neue CD?

Zosamme alt.

Hochdeutsch …

Zusammen alt … und zwar schön höösch, in aller Ruhe.

Guter Plan.

Taxidriver
Ihr sollt es einmal besser haben

Taxidriver

Wie konnte das passieren? Was ist geschehen zwischen dem Satz „Ihr sollt es einmal besser haben" und der verdrucksten Drohung „Ihr werdet alle arbeitslos"?

Was hatte sich verändert zwischen dem Jahr 1964, der Zeit des großen Aufbruchs, und den bleiernen 80er-Jahren, in denen nicht nur der deutsche Wald zu sterben schien, sondern auch die Hoffnung? Besonders dann, wenn man zu den Hunderttausenden gehörte, die an einer westdeutschen Universität studierten und vor allem damit beschäftigt waren, den Taxischein zu machen. Kellnern war auch nicht schlecht, mit Germanistik jedenfalls würde man verhungern.

Die kurze Antwort ist: Alles, das ganze Land hatte sich verändert. Und die lange Antwort ist eine wirklich lange Geschichte. Wer sie erzählen will, muss zu den Anfängen zurückgehen, zu einem portugiesischen Gastarbeiter, der 1964 im Bahnhof Köln-Deutz ankam, vielleicht sogar noch weiter zurück, bis zum Ende des Krieges. Und wer die Geschichte ganz verstehen will, der darf auch nicht in den grauen 80ern aufhören, in diesen Tagen, als der endlos schöne Sommer der

70er-Jahre zu Ende war – und die Zukunft so aussah wie eine
zähe, lange Nachtschicht im Taxi. Wer sie ganz verstehen will,
muss sie bis heute erzählen, und vielleicht ist es am Ende so,
dass sie doch noch ein Happy End hat, so wie bei „Bonanza"
und den „Waltons" auch immer alles gut ausging. Und die
hatten ja noch nicht mal studiert.

Beginnen wir also mit der Hoffnung, beginnen wir wieder
mit dem Jahr 1964. Wer damals geboren wurde, hat mit einiger
Sicherheit später dieses „Ihr sollt es einmal besser haben"
gehört. Der Satz ist ein Elternsatz, aber er ist trügerisch. Denn
eigentlich erlebten die Eltern ja schon, was sie sich für ihre
Kinder wünschten. Ihnen ging es endlich wieder gut, ihnen
ging es sogar besser, gerade einmal fünfzehn, zwanzig Jahre
nach Kriegsende. Deshalb wurden ja so viele Kinder in den
frühen 60ern gezeugt und geboren, weil es aufwärts ging mit
dem Land.

Es war plötzlich so viel Arbeit für alle da, dass man gar nicht
wusste, wo man anfangen sollte. Die Löhne stiegen, die Arbeitslosenquote lag in der Bundesrepublik 1964 bei 0,8 Prozent, das
ist, anders gesagt: Vollbeschäftigung. Samstags wurde selbstverständlich gearbeitet, bis die Werkssirenen um zwölf Uhr
mittags einen Schlusston über die Städte legten.

Und weil immer noch mehr zu tun und zu verdienen war, kam an einem Septembertag des Jahres 1964 der eher traurig dreinblickende Portugiese Armando Rodrigues de Sá in Köln an. Er suchte Arbeit in Deutschland, und wie es der Zufall wollte, war er der millionste Gastarbeiter der Republik. Der arme Mann wurde wie bei einem Staatsbesuch auf dem Bahnsteig empfangen, man schenkte ihm ein Moped und ein paar warme Worte, dann schickte man ihn arbeiten, bald nach Süddeutschland. Darum ging es ja in diesem Jahr 1964, ums Arbeiten, in einem Jahr, in dem eigentlich sogar beide deutsche Staaten mit einem Symbol zeigten, dass es immer noch besser werden würde mit der deutschen Wirtschaft. Jeder auf seine Art: Im Westen kam der Porsche 911 auf den Markt, ein unverschämt teurer Wagen, den sich plötzlich dennoch viele leisten konnten, und das würde im Fall des Elfers sogar die nächsten 50 Jahre so bleiben. Im Osten kam der neue Trabant, nun ja, nicht auf den Markt, sondern auf die Straßen. Jener Trabant, der bis zum Mauerfall aktuell blieb, auf den allerdings mancher in der DDR auch bis zum Mauerfall gewartet hat.

Damals wusste im Westen eigentlich niemand, wie man das Wort Massenarbeitslosigkeit buchstabiert, es gab heftige Steuererleichterungen für all die, die sich ein Haus bauen

wollten und das auch taten. Und in den westdeutschen Kleinstädten wurden neue Grundschulen und Gymnasien gebaut,
für all die vielen Kinder, die ja auch einmal studieren sollten,
die meisten von ihnen als erste in der Familie. Wie stolz die
Eltern waren. Kurz gesagt war es so, dass die Kinder später
nicht Taxi, sondern Porsche fahren sollten. Das war der Traum.

Aber es kam anders. Wer genau hinsah, konnte das schon
Ende der 60er bemerken und vorausahnen, dass die 64er es
eher einmal schlechter haben würden als ihre Eltern, dass ihre
Häuser nicht so groß und ihre Arbeitsplätze nicht so sicher sein
würden. Von der Rente ganz zu schweigen, aber dazu
später. Ein kleines Zeichen war, dass bereits 1964 Arbeitsplätze
in den Zechen des Ruhrgebiets wegfielen.

Zwar hatte die Kultusministerkonferenz 1964 noch öffent-
lich verkündet, dass die Bildungspolitik in der Bundesrepublik
jetzt verstärkt werden müsse – und tatsächlich beschlossen
die Länder im selben Jahr, in Bochum, Bremen, Konstanz,
Regensburg und Dortmund neue Hochschulen zu bauen. Aber
das reichte immer noch nicht. Und so sollte ein großes Problem für die 1964 Geborenen schließlich eine Entscheidung
derselben Kultusministerkonferenz aus dem Jahr 1968
werden: Damals wurde der Numerus clausus für bestimmte

Studienfächer eingeführt, und das bedeutete, dass die Kinder, die es einmal besser haben sollten, einsehen mussten, dass es nicht jeder besser haben konnte.

Am Anfang machte der Abschwung ja noch Spaß, war sogar ein bisschen kurios. Wer erinnert sich nicht an diese wunderbaren Tage des Jahres 1973, als man mit dem goldenen Klapprad auf der Autobahn und den neuen Rollschuhen auf dem Innenstadtring fahren durfte? Die Ölkrise brachte die autofreien Sonntage mit sich, und die waren für die Kinder vor allem ein Erlebnis. Pferde galoppierten über die Kreuzungen, die Ampeln schalteten ins Nichts. Alle dachten: Das kann doch nicht wahr sein.

Die Erwachsenen hatten trotzdem noch eine strenge Zuversicht, sonst hätten sie ihre Kinder ja nicht ein paar Jahre später auf die riesigen neuen Universitäten geschickt und ihnen mehr oder weniger gesagt: Studiert, was ihr wollt, Hauptsache, ihr studiert. Und Hunderttausende ließen sich das nicht zweimal sagen. Waren an den westdeutschen Hochschulen im Wintersemester 1964/65 gerade einmal 304 869 Studenten immatrikuliert, so waren es zwanzig Jahre später, im Wintersemester 1984/85 eine gute Million mehr, genau 1 311 699 Studenten hatten sich da an den Universitäten der Bundesrepublik eingeschrieben. Jeder wollte dabei sein, selbst wenn man nicht so genau wusste, wohin das alles führen sollte.

Auch Caroline Link, die Regisseurin und Oscar-Preisträgerin, hat diesen Optimismus der alten Bundesrepublik erfahren, als sie ihren Weg begann. „Als ich auf die Filmhochschule wollte, haben mir meine Eltern nie gesagt, das wird alles nichts, mach das nicht. Meine Eltern waren eher immer positiv eingestellt, weil es bei ihnen ja auch ganz gut gelaufen war, weil sie sich aus dem Nichts etwas aufgebaut hatten. Und so haben sie ihre Zuversicht einfach weitergegeben."

Die Einzigen, die dieses große Spiel der Zuversicht nicht mit- spielen wollten, waren die Berufsberater. Früh verhärmte Männer und Frauen, die in die Gymnasien, Realschulen und Hauptschu- len kamen. Traurige Realisten, die den Realschülern und Haupt- schülern Ende der 70er- und Anfang der 80er-Jahre wenig Hoffnung auf eine Lehrstelle machen konnten. Sie blickten entgeistert, wenn ganze Gymnasialklassen ihnen sagten, dass sie „irgendwas mit Germanistik" oder Soziologie studieren wollten. Sie hatten längst erkannt, dass die Arbeitslosenzahlen stetig stiegen, 1981 lagen sie schon bei 5,5 Prozent. Und man hätte damit rechnen können, dass sie Mitte der 80er auf 9 Prozent schnellen würden. Verheerende Aussichten waren das.

Aber die Berufsberater saßen Schülern gegenüber, die auf die Frage nach ihrem Berufswunsch feixend sagten: „Bonze". Und alle lachten. Sie saßen den Kindern der Leute gegenüber, die die volle Wirtschaftswunderkraft der Bundesrepublik erlebt hatten, die sich nicht vorstellen konnten, dass es jemals wieder bergab gehen würde, und die diese Zuversicht an ihre Kinder weitergaben, obwohl dazu eigentlich kein Anlass bestand. Interessanterweise war die Zahl der Arbeitslosen in der Bundesrepublik Mitte der 80er-Jahre wieder so hoch, wie sie Anfang der 50er gewesen war, noch vor dem Wirtschaftswunder. Und zwischendrin, als die Eltern der 64er junge Erwachsene waren, da lag die gute Zeit, die Vollbeschäftigung. Die Eltern hatten es also schon einmal besser, und ihre Kinder glaubten, dass ihnen auch nichts passieren würde. Bis sie zum ersten Mal in einem völlig überfüllten Seminar im Sichtbetonbau einer westdeutschen Universität saßen.

Es war sehr ernüchternd zu erkennen, dass eigentlich niemand wusste, was aus dieser universitären Massenveranstaltung werden sollte. Man konnte studieren, was man wollte, so lange man wollte und wie man wollte. Denn es gab diesen seltsamen, gelebten Widerspruch, dass das alles zu nichts führen, aber wahrscheinlich doch gut gehen würde. Die meisten Eltern konnten einem ohnehin nicht helfen, da sie zwar mit ihren Jobs aus der Wirtschaftswunderzeit das Studium der Kinder finanzierten, aber auch nicht wussten, ob Hermeneutik nun eine schlimme Krankheit oder die Zukunft war. Immerhin hatten ihre begabten Kinder kein Problem mit dem Numerus clausus gehabt (Was für ein seltsames Wort das überhaupt war …). Und fast noch wichtiger: Sie hatten endlich eine Wohnung, die war ja Mitte der 80er noch schwieriger zu bekommen als ein Arbeitsplatz oder den Taxischein.

Andererseits sind diese Jahre der Proseminare, der Vorlesungen über das Weibliche in Friedrich Nietzsche oder das Männliche in Frida Kahlo (wahlweise umgekehrt) natürlich auch das große Glück der 64er gewesen. Keine spätere Generation konnte je wieder in so verantwortungsloser Freiheit studieren. Und wenn man die Sache nur lange genug rauszog, schaffte man es bis zum Mauerfall, und danach gab es ja für die westdeutschen Akademiker plötzlich ein paar Stellen mehr – im Osten. Wer in West-Berlin nichts fand, hatte in Frankfurt an der Oder noch eine Chance. Oder in Leipzig.

Viele Reiseführer über Südostasien oder die Geheimtipps an der Seidenstraße wären ungeschrieben geblieben, wenn die 64er ein Bachelor-Studium in zwei Jahren hätten zu Ende bringen müssen. Suhrkamp hätte es vielleicht schon früher schwerer gehabt, wenn Germanistik unter vierzehn Semestern zu haben gewesen wäre, damals.

Das ist die eine Seite, die andere aber ist, dass es auch in den frühen 80ern, den Zeiten also, in denen die 64er mit dem Studium begannen, erstaunlich zielstrebige Lebensentwürfe gab. An der Kölner Universität zum Beispiel verlief eine Grenze zwischen dem lichten Altbau und dem Betonklotz des sogenannten Philosophikums, das so aussah wie der Terminalbereich des Flughafens Köln-Bonn. Ein Traum aus Sichtbeton, in dem die Geisteswissenschaftler sich selbst verwirklichten und noch in dreißig Jahren mit der Rückzahlung ihres Bafögs beschäftigt sein würden. Einer der Asta-Vorsitzenden sah so aus wie Charles Bukowski, nur älter. Seine Flugblätter fuhr er in einem Einkaufswagen von Edeka über die Flure. Aber er wusste, was läuft, der Chef.

Auf der anderen Seite, im Altbau der Universität, quälten sich die Juristen mit Gesetzen und Vorschriften, die sie selber nicht verstanden, deren Interpretation ihnen aber in Zukunft ein sehr auskömmliches Einkommen garantieren sollte. Sie waren konservativ und trugen graue, manchmal schwarze Rollkragenpullover (die Männer) und kurze Perlenketten (die

Frauen). Sie waren sich sicher, dass das Gerede von der Massenarbeitslosigkeit die anderen treffen würde – diese Taxifahrer, die sich Sprachwissenschaftler oder Mediävisten nannten. Und sie hatten recht.

Sie waren auch nicht wenige, diese jungen Konservativen. Kai Diekmann von der *Bild*-Zeitung hat zwar einmal gesagt, dass in der Zeit, in der er erwachsen wurde, der Mainstream eindeutig links gewesen sei. Und für die Meisten hat es sich wohl auch so angefühlt, aber wenn man sich heute ansieht, was geschah, als die 64er zum ersten Mal wählen durften, dann erlebt man einige Überraschungen.

Nicht nur, dass Helmut Kohl in der vorgezogenen Bundestagswahl im Frühjahr 1983 als Kanzler bestätigt wurde – bei dieser Wahl, der ersten der 64er, flirteten auch die Erstwähler mit der CDU. Zumindest legten das die Berechungen einiger Wahlforscher nahe: Noch in der Wahl zuvor, im Jahr 1980, hatten sich 34 Prozent der Erstwähler für die Konservativen entschieden, jetzt, 1983, waren es schon 41 Prozent. Die SPD verlor in diesem Vergleich sogar zehn Prozent bei den Erstwählern. Die Grünen gewannen natürlich auch viele Stimmen der Jungen.

Eine von denen, die 1983 zum ersten Mal wählen durften, ist übrigens die spätere Frau von Helmut Kohl, Maike Richter.

Auch sie gehört zum Jahrgang 1964, zu jenen Leuten, die wahrscheinlich früher wussten, was sie wollten. Sie trat jung in die CDU ein, studierte Volkswirtschaft und promovierte. Schon mit 30 Jahren war sie Beamtin im Bundeskanzleramt. Sie lebte wohl jene Erfolgsgeschichte, die so manche Eltern der 64er für ihre Kinder im Kopf gehabt hatten. Und viele machten es so wie Maike Richter, viele aus der westdeutschen Provinz erfüllten die Träume ihrer Eltern doch noch. Was nicht ganz unbedeutend ist für die Tatsache, dass die Menschen ihres Jahrgangs am Ende viel besser gestellt sind, als der Stillstand in den bleiernen 80ern es vermuten ließ.

Zumal die Arbeitslosenquote in der Bundesrepublik zwischen 1986 und 1992 wieder fiel, was denjenigen, die sich früh um einen Job kümmerten, eine Chance bot. Es wurden also nicht alle arbeitslos, das ist der gute Teil der Geschichte. Und wenn sie heute Taxi fahren, dann auf der Rückbank. Dass die Leute des Jahrgangs 1964 aber als erste bis zum 67. Lebensjahr arbeiten müssen, um überhaupt so etwas wie eine Rente zu bekommen, ist die schlechte Nachricht. Ein wenig besser wird sie nur dadurch, dass es den Eltern der 64er eigentlich immer so gut ging, wie es ihren Kindern einmal gehen sollte – und die 64er damit zur Generation der Erben gehören. Wenn schon die Rente nicht sicher ist, können sie zumindest auf Transferzahlungen aus der Wirtschaftswunderzeit hoffen.

Und dann ist da doch noch etwas, was die 64er ihren Eltern voraushaben – etwas, was heute als völlig selbstverständlich genommen wird, aber nicht selbstverständlich ist: „Die Abwesenheit von Krieg, das ist unser größtes prägendes Erlebnis, die Abwesenheit von Not." Kai Diekmann klingt durchaus ein wenig demütig, wenn er das sagt, wenn er darüber nachdenkt, was für ein Glück es war, im Wirtschaftswunderland aufgewachsen zu sein. Und man hört bei ihm mit: Unser Verdienst war das eigentlich nicht.

Aus der Sicht der nachfolgenden Generationen geht es den 64ern, die angeblich alle einmal arbeitslos werden sollten, ohnehin traumhaft gut. Sie sind wohl die Letzten, die in ihren Firmen noch unbefristete Arbeitsverträge unterschreiben durften, die Dienstwagen fahren und sich vielleicht noch ein Haus bauen konnten. Auch wenn sie das mal spießig fanden. Wer heute einen Zwei-Jahres-Vertrag bekommt und eine halbwegs bezahlbare Zweizimmerwohnung, der hat ja schon viel. Die Konsumforscher aber kümmern sich lieber um diejenigen, die deutlich mehr haben, und das sind die 64er und ihre Altersgenossen. Sie sind eben, nach all den Startschwierigkeiten, nicht übermäßig von Arbeitslosigkeit betroffen. Ihre Konsumkraft ist schon wegen ihrer großen Masse enorm.

Das kann erdrückend sein, wie die Journalistin Anita Blasberg, in den späten 70ern geboren, im Frühling des Jahres 2013 in der *Zeit* schrieb: „Zum ersten Mal in der Geschichte ist die junge Generation zahlenmäßig kleiner als die alte." Und wozu führt das? „Früher war es so, dass die jeweils neue Generation die Alltagskultur prägte. Die Babyboomer aber werden wohl bis zu ihrem Tod bestimmen, was wir sehen und was wir hören. Ihretwegen touren die Rolling Stones noch heute durch die Welt, produzieren Möbelhäuser nostalgische Flokati-Teppiche, fahren Mini Cooper und VW Beetle durch die Straßen – die neu aufgelegten Ikonen aus der Jugend der Babyboomer."

Man kann Anita Blasberg kaum widersprechen, aber der Kern dieser Botschaft ist mehr als der Vorwurf, dass die 64er dieses Land mit ihrer Nostalgiekultur besetzt halten. Der Kern ist, dass sie Geld haben und es irgendwie geschafft haben, denn BMW und VW bauen den neuen Mini und den Beetle nicht, weil es den in den 60er-Jahren Geborenen gefällt, sondern weil es einen Markt gibt, weil die 64er die niedlichen Autos bezahlen können und auch bezahlen. Früher waren die Minis und Käfer der 64er rostig und alt, heute sind der Beetle und der neue Mini geleast, ganz neu. Das ist die Bilanz, zumindest für viele: Aus der Angst vor dem Atomkrieg, dem Waldsterben und der Arbeitslosigkeit wurde die Furcht vor schlechten Zinsen auf den Tagesgeldkonten. Viele, die in der DDR aufgewachsen sind, sagen: „Es war nicht alles schlecht." Die Gleichaltrigen aus dem Westen können sagen: „Es ist besser geworden, als wir dachten." Früher, in den Proseminaren, hätte man so etwas Dialektik genannt. Heute nennen es die Meisten: Lebenserfahrung.

Nutella

Die süße Nougatcreme aus Italien ließ nicht lange auf sich warten. Kurz nachdem die 64er auf der Welt waren, kam sie über die Alpen. Im Jahr 1965 wurde Nutella erstmals in Deutschland verkauft. Zur großen Freude der Kinder und zur Sorge der Eltern und Zahnärzte. Noch heute gibt es viele Familien, in denen es ganz streng heißt: Nutella kommt nur sonntags auf den Tisch. Und noch heute gibt es viele Eltern, die heimlich in das Glas langen, wenn die Kinder es nicht sehen. Auch montags, wenn die Kinder schon in der Schule sind.

Ölkrise

Bis zum Jahr 1973 kam für die Deutschen das Benzin einfach aus der Zapfsäule. Erst dann wurde vielen klar, dass das Öl dafür aus der arabischen Welt kam. Denn die Araber drosselten die Förderung im Jom-Kippur-Krieg, um den Westen zu treffen, der Israel unterstützte. Die meisten 64er wussten davon nichts, aber sie liebten die autofreien Sonntage: Da konnten sie auf den Autobahnen endlich Fahrrad fahren, Rollschuh laufen und Fußball spielen. Und manche ritten auf den Pferden ihrer Eltern den Überholstreifen entlang. Das gab's nie wieder.

Peter John Mahrenholz

* 14. September 1964

Geschäftsführer der Agentur Jung von Matt

Peter John Mahrenholz denkt lieber ein wenig genauer nach, als dass er etwas sagt, das ihm nicht durchdacht erscheint. In einem Restaurant in der Nähe des Englischen Gartens, in einem ruhigen, grünen Teil Münchens, spricht er von Zuversicht und Neugier, von Politik und Gesellschaft. Er entspricht nicht dem Klischee eines Werbemannes, auch wenn seine Anzüge nicht ganz so konservativ sind wie die seiner ebenfalls erfolgreichen Altersgenossen, der Banker und Juristen. Der Geschäftsführer der Werbeagentur Jung von Matt kommt aus einem politischen Haushalt. Und so redet er auch, wenn es um dieses Land geht, in das er 1964 hineingeboren wurde.

Herr Mahrenholz, als Sie in den 80ern studierten, haben Sie damals überlegt, wie Ihr Leben mit 50 sein könnte?
Ich glaube, ich habe nicht viel darüber nachgedacht, aber ich hatte eine klare Vorstellung. Und die Vorstellung war: Das ist ganz, ganz weit weg, das ist ganz furchtbar, und das bin ich auch nicht. Da gab es eine sehr große Distanz zu dieser magischen 50er- Marke.

Haben Sie sich vorgestellt, dass Sie später einmal eine Familie haben wollen?
Ja, ich wollte eine Familie, das war mir schon klar.

170

Für viele war das in den 80ern überhaupt nicht mehr so klar.
Es war auch bei mir sicher nicht so, dass das alleinige Lebensziel die Fortpflanzung war, der Bausparvertrag, das verklinkerte Reihenendhaus. Das lehnte man natürlich ab, weil man sich anders verwirklichen wollte. Aber dass darunter ein Ton lag, der hieß: Familie finde ich gut, das war schon so. Ich wollte immer Kinder haben, die Frage war nur: wann und wo und wie?

Hatten Sie in den 80ern so etwas wie Zukunftsangst?
Nein, das hatte ich nie.

Aber wurde das nicht allen eingeredet damals?
Ich bin, glaube ich, sehr angstfrei aufgewachsen und habe keinen großen Druck verspürt, etwas erreichen zu müssen. Meine Eltern haben mich leben lassen, und das hatte bei mir den guten Effekt, dass es mich mit einer großen Gelassenheit und Sicherheit ausgestattet hat. Natürlich fragte man sich, wie wird es werden, wirst du alles gut hinkriegen? Aber es war doch insgesamt eine große Zuversicht und Freude da.

Das hört sich nach einem guten Weg ins Leben an.
Ja, erwachsen werden, also richtig erwachsen werden, nicht 18, sondern 30, das war auch etwas, worauf man sich freute. Gerade im Studium dachte man, das ist jetzt eine arbeitsreiche Zeit, durch die man durch muss, um danach schön zu leben.

Dass es natürlich ganz anders ist, dessen ist man sich ja gar nicht bewusst.

Die bleiernen 80er, das Jahrzehnt der Atomangst, konnten also auch eine leichte Zeit sein.

Ich fand's super, es war eine tolle Zeit. Was soll denn an den 80ern bleiern gewesen sein? Das verstehe ich überhaupt nicht. Ich hatte keine Atomangst, ich war zwar gegen die Transporte nach Gorleben, das war aber Politik für mich, nicht Angst. Ich hatte auch ein Bewusstsein für solche Dinge wie das Wald-sterben, aber noch einmal: Das war keine Zukunftsangst.

Woran liegt es, dass man in Deutschland trotz allem immer wieder diese Zuversicht hat?

Das ist ja sehr ambivalent. Deutschland ist ein Land, dem es an Mut, Tatkraft und Zuversicht fehlt, das aber bei aller Kritik an den Dingen so eine Art Urvertrauen in die Strukturen hat. Viele Deutsche neigen zwar zu einer pessimistischen Weltsicht, haben aber den Glauben, dass die Strukturen funktionieren. Also: Wenn der TÜV das geprüft hat, funktioniert das. Wenn die Experten es so machen, wird es schon stimmen. Deshalb gibt es immer so eine Grundströmung von Zukunftssicherheit, bei aller Larmoyanz. Das ist natürlich auch ein Problem, weil es den Impuls zur positiven Veränderung unterdrückt.

Was müsste man tun, um dem Land mehr Mut zu geben?
Experimentieren, machen, tun. Gestalten, Sachen anfassen.
Das müsste man machen. Aber das tut kein Mensch.

Konkret?
Familien- und Frauenförderung zum Beispiel würden
funktionieren, wenn es endlich bessere Betreuungsange-
bote für Kinder gäbe. Das sagen alle Experten, das zeigen
alle Erfahrungen in anderen Ländern. Und was wird hier
gemacht? Das wird einfach ignoriert, das kümmert keine
Sau, das ist grauenvoll, es gibt keinen Gestaltungswillen.
Für die Familien ist das doch eine verzweifelte Lage, weil
Deutschland, wenn es um die Kinderbetreuung geht, abso-
lut rückständig ist.

Und warum ist das so?
Ich weiß es nicht, und ich kann es nicht nachvollziehen. Man
kann das sogar ökonomisch begründen, dass wir etwas ändern
müssten, dass wir Familien andere Möglichkeiten bieten
müssen. Die Menschen, ihr Verstand, sind doch unser Kapital,
das wäre gut für die ganze Gesellschaft. Aber die Strukturen,
an die wir uns gewöhnt haben, werden nicht geändert, das ist
für mich die eigentliche Katastrophe. Die 80er waren bleiern?
Heute ist es doch viel schlimmer!

Glauben Sie, dass das Leben Ihrer Kinder sich sehr unterscheiden wird von dem Leben, dass Sie als Kind oder Jugendlicher hatten?

Sie müssen auf jeden Fall viel mehr Eindrücke verarbeiten, viel mehr Ernsthaftigkeit. Das Leben ist mit Sicherheit nicht einfacher geworden. Und die Welt nicht heiler.

Denken Sie, dass Sie Ihren Kindern noch so viel Zuversicht mitgeben können, wie Ihre Eltern Ihnen gegeben haben?

Ich hoffe und glaube, dass man Kindern ein Urvertrauen mitgeben kann, das muss man schaffen, sie zu gut gelaunten, selbstbewussten Kindern zu erziehen. Ihnen klarzumachen, dass sie Probleme lösen können. Dann haben sie die Chance, glücklich und aufrecht durchs Leben zu gehen.

Erinnern Sie sich denn an eine Zeit, in der in diesem Land eine Aufbruchstimmung herrschte?

Ich habe, wenn überhaupt, solche Erinnerungen an die Ära von Willy Brandt.

Der wurde 1964 SPD-Vorsitzender.

Ich komme aus einem politischen Haus. Als er Kanzler war in den 70ern, da spürte ich bei meinen Eltern und ihrem Umfeld eine positive Energie. Das hat man danach eigentlich so nicht mehr erlebt, selbst nicht nach der Wiedervereinigung.

174

**Das heißt, dass unsere Generation den letzten gesellschaft-
lichen Aufbruch als Kinder erlebt hat?**

Ja, und der war eben gesellschaftlich getragen, von allen. Es
ging nach vorne, das war die Richtung.

**Und seither leben wir nur noch in einem Problembewälti-
gungsmodus, zum Beispiel mit der Agenda 2010?**

Das finde ich schon. Nehmen Sie Europa, das könnte etwas
Großes sein, aber am Ende geht es nur darum, welche Glüh-
birnen wir nehmen dürfen und welche nicht. Das verleidet den
Leuten alles.

Und die Reisefreiheit, ist das nichts?

Das stimmt, auch die Niederlassungsfreiheit. Ich habe
zwischendurch zwei Jahre in England gearbeitet. Das ging
ganz einfach. Ich habe hier meine Wohnung geräumt, mich
ins Auto gesetzt und bin mit der Englandfähre vom Hamburger Hafen aus übergesetzt. In London angekommen, bin ich
zu meiner neuen Wohnung gefahren und habe einfach angefangen zu arbeiten.

Sensationell eigentlich.

Ja, aber das wird eher als selbstverständlich hingenommen,
weil diese Bürokratie alles andere überlagert. Und die positiven Entwicklungen sind langsam, schleichend und an kein

Ereignis und keine Persönlichkeit gebunden. Da fehlt der emotionale Anker.

Sehen Sie in Ihrer Eigenschaft als Werbemann heute gesellschaftliche Trends, die überraschend sind?

Überraschend ist das vielleicht nicht, aber es gibt einen Rückzug ins Private, ins Privatleben. Die vorhin genannte bleierne politische Stimmung und eine Vertrauenskrise der Institutionen sind für mich der Grund.

Was bedeutet das für die Gesellschaft?

Sie finden immer mehr Individualität. Darum geht es vor allem. Erst mal klingt das harmlos, aber das kann negativ sein, weil der Zusammenhalt der Gesellschaft aufgehoben wird. Die Gesellschaft entsolidarisiert sich, driftet auseinander. Langfristig stellt das dann unsere Gesellschaft infrage, den Kitt, der sie zusammenhält.

Sind die Menschen des großen Jahrgangs 1964 für die Werbebranche wichtig, weil sie die Mittel haben, sich diese Wünsche nach Individualität zu erfüllen?

Interessant ist zumindest, dass die Zielgruppe, welche die Werbung immer ins Visier genommen hat, lange die 14- bis 49-Jährigen waren. Das hat einmal jemand postuliert, und dann trug es sich weiter. Man ging wohl davon aus, dass die

Aufgeschlossenheit für neues Konsumverhalten, für neue Produkte im Alter nicht mehr so groß ist. Das war schon immer Blödsinn, und jetzt, wenn man selber 49 ist, merkt man es umso mehr. Es wäre verrückt, wenn man nicht mehr zur relevanten Zielgruppe gehören würde.

Das hat sich verändert wegen der starken Jahrgänge derer, die in den 60er-Jahren geboren wurden.
Quantitativ, mit Sicherheit. Dazu kommt aber, dass die Menschen auch nicht immer so sind, wie man denkt.

Was hat man denn bisher gedacht, wenn man an 50-Jährige dachte?
Sagen wir mal so, 50 als Alter, das ist ja auch eine Art Marke, wenn ich von 50 spreche, dann heißt es ja, dass dahinter eine komplexe Vorstellungswelt liegt, wie bei einer Marke. Erfahrungen, Bilder und Emotionen sind da gespeichert. Man denkt dann im Fall der 50-Jährigen vielleicht an nachlassende Energie, weniger Kraft, weniger Freude daran, Neues zu beginnen, Verlust des Haupthaares, diese ganze Vorstellungen. Dann denkt man vielleicht auch, wie viele Jahre habe ich noch, wie viele Berufsjahre, wie viele Jahre kann ich noch so gestalten, wie ich will? Verschuldet man sich mit 50 noch mal für ein neues Haus? Eher nicht.

Klingt nicht so gut.

Ja, aber diese Gedanken hat man ja meistens über die anderen. Über sich selbst würde man ja nie denken, jetzt bin ich 50 und all diese furchtbaren Dinge sind auch bei mir so. Man sieht sich ja nie selbst als Klischee, auch wenn man manchmal nicht so weit davon entfernt ist.

Trotzdem hat man den Eindruck, dass die 50-Jährigen von heute nicht mehr der alten Marke „50" entsprechen. Dass sie wirklich jünger sind.

Ich denke, die Menschen mit 50 ändern sich nicht plötzlich. Die bleiben im Grunde, wie sie sind. Es wirkt nur anders, weil das Umfeld sich ändert. Also ändern nicht die 50-Jährigen die Gesellschaft, sondern andersrum. Die 50-Jährigen fühlen sich jung und wollen gut leben. Und die Gesellschaft ermöglicht es ihnen.

Aber wird es nicht auch die Gesellschaft verändern, dass so viele, die fröhlich konsumieren und Geld haben, heute über 50 sind?

Auch die Leute, die 50 oder älter sind, können Unsummen von Geld für nutzlosen Kram ausgeben, wenn sie die richtigen Hobbys haben. Aber trotzdem könnte es sein, dass der Konsum der Älteren generell eher überlegter ist.

Was heißt das: überlegter?

Zum Beispiel, dass die Produkte bestimmten Standards entsprechen. Qualitativ. Oder eben auch ethisch. Das ist ja auch ein Luxus, sich das leisten zu können.

Fühlen Sie sich denn als 64er besonders umworben?

Nein, komischerweise nicht. Ich fühle mich, obwohl es von uns ja viele gibt und viele auch gut verdienen, relativ unangesprochen. Nehmen wir mal Musik, die Plattenfirmen klagen ja immer, dass es nur noch Raubkopien gibt. Ich kaufe CDs nach wie vor zu hohen Preisen im normalen Handel, die Musik, die ich gerne mag. Ich habe aber nicht das Gefühl, dass die Industrie irgendwelche Anstalten macht, mir diese Dinge auch dringend verkaufen zu wollen. Seltsam. Und da bin ich wahrscheinlich nicht der Einzige.

Über die Mauer
1964 und 1989 in der DDR

Über die Mauer

Manchmal ist es tatsächlich so, dass sich ein verborgenes, wenngleich festes Band durch die Geschichte zieht. Manchmal ist es auch so, dass sich Jahreszahlen und die Lebensstationen von Menschen zu einer Erzählung fügen, die weit über das Leben dieser Menschen hinausgeht. Weil plötzlich aus diesen Daten, den Worten und Reden, auch den ungehaltenen, so etwas wie Weltgeschichte entstanden ist.

Solch ein Band spannt sich zwischen den Jahren 1964 und 1989. Zwischen dem Jahr, in dem auch in der DDR so viele Kinder geboren wurden, und jenem Jahr, in dem die DDR zu verschwinden begann.

Als die 64er auf die Welt kamen, da gab es diese DDR seit fünfzehn Jahren. Als die Mauer fiel, da waren die meisten von ihnen gerade 25. Und wahrscheinlich haben sie lange Zeit nicht damit gerechnet, dass sie die zweiten 25 – und noch viel mehr – Jahre ihres Lebens ohne die Mauer verbringen würden. Dass diese Mauer am 9. November 1989 tatsächlich fallen würde.

Das war selbst ein paar Tage zuvor, am 4. November 1989 auf dem Berliner Alexanderplatz, noch nicht klar, als Hunderttausende in der Hauptstadt der DDR demonstrierten. Sie standen an diesem Herbsttag unten in den Straßen, auf der großen Kreuzung, und oben auf einer kleinen Holztribüne holte auch ein junger DDR-Bürger zu seinem Schlag gegen die SED aus.

Ein junger Mann aus dem Jahrgang 1964.

Damals kannte den Mann mit der perfekten 80er-Jahre-Frisur noch kaum jemand. So wie er aussah, hätte er auch gut in die kühlen Diskotheken in West-Berlin gepasst, „Clubs" sagte man ja damals noch nicht. In den „Dschungel" an der Nürnberger Straße zum Beispiel. Depeche Mode war grenzenlos.

Auch das war interessant an diesem Moment, als der Redner mit den dunklen Haaren und dem schmalen, gut geschnittenen Gesicht aufs Podium stieg: Der Mann hatte einen Stil, der nichts mit ost- oder westdeutsch zu tun hatte, sodass einem diese Mauer durch Deutschland noch absurder vorkam.

Damals musste er sich noch kurz vorstellen. Er sagte: „Mein Name ist Liefers, ich bin Schauspieler."

Dann grinste Jan Josef Liefers ein wenig, und fuhr sich mit der Hand durch die Haare.

Wenn man heute noch einmal diese Bilder sieht, wie Liefers auf dem Alexanderplatz gegen die SED und für die Freiheit redet, dann kann man plötzlich die Länge der Wegstrecke ermessen, die ihn vom Jahr 1989, von diesem Moment des Mutes, tief nach Westdeutschland geführt hat, bis zum „Tatort" in Münster. Den Weg vom Alexanderplatz fünf Tage vor dem Mauerfall bis zu diesem Film- und Fernsehschauspielerleben, das ihn in ganz Deutschland so präsent macht. Und wenn man in die andere Richtung blickt, wenn man den Weg zurück zu seinem Geburtsjahr verfolgt, dann ist es überraschend zu sehen, wie sehr der Herbst 1989 mit dem Jahr 1964 verbunden ist.

Damals, 1964, als Liefers in Dresden auf die Welt kam, gab es die letzte gesamtdeutsche Olympiamannschaft für die Spiele in Innsbruck und Tokio. Es ist ja fast vergessen, dass drei Jahre nach dem Mauerbau ostdeutsche und westdeutsche Sportler noch gemeinsam um Medaillen kämpften. In dieser historischen Mannschaft stellten die Ostdeutschen sogar die Mehrheit. Sie waren einfach besser.

In Tokio und Innsbruck war also 1964 noch einmal vereint, was in Deutschland längst getrennt war. Zumindest fast immer. Denn in jenem Jahr, in dem nicht nur Jan Josef Liefers, sondern auch Henry Maske, der Boxer, geboren wurden, da gab es noch ein ganz anderes gesamtdeutsches Ereignis.

Es wurde ausgerechnet dort gefeiert, wo Jan Josef Liefers am 4. November 1989 seine Rede auf das nahende Ende der

185

DDR halten würde, im Zentrum Ost-Berlins. Es war das letzte Deutschlandtreffen der FDJ, der Jugendorganisation der SED, das von Ostdeutschen und Westdeutschen gemeinsam begangen wurde. Ein seltsames Fest im Kalten Krieg.

Etwa eine halbe Million junge Leute aus beiden deutschen Staaten trafen sich damals nach einer von der DDR-Führung festgelegten Choreografie – mit Fahnen, Bannern und Gesängen. Nichts geschah in diesen Pfingsttagen des Jahres 1964, was nicht dem Bild der Partei entsprach. Es waren sehr gelungene Tage der Propaganda. Wenn man die alten Fotos sieht, die lächelnden Gesichter wahrnimmt, die alten Reportagen liest, die fröhlichen Losungen entdeckt, dann weiß man, was Jan Josef Liefers 25 Jahre später auf dem Alexanderplatz umtrieb, als sich die Zeiten geändert hatten und er vor Hunderttausenden Demonstranten sprach. Liefers hatte schlicht Angst, dass die SED versuchen würde, auch die Massenproteste in diesem November 1989 nach ihrem Bild zu formen.

So begann er also seine Rede auf der Holztribüne am Alexanderplatz: „In den letzten Wochen haben Hunderttausende Menschen auf den Straßen unseres Landes das Gespräch eingefordert. Wir alle führen es seit kurzer Zeit. Natürlich hat jeder das Recht, Partner in diesem Gespräch zu sein."

Jetzt wurde Liefers sehr konzentriert, dehnte seine Worte noch ein wenig mehr, ließ Pausen zwischen den Sätzen entstehen, und kam dann zum Punkt: „Aber ich meine, wir sollten darauf achten und uns verwahren gegen mögliche Versuche von Partei- und Staatsfunktionären, jetzt oder zukünftig Demonstrationen und Proteste von Menschen unseres Landes für ihre Selbstdarstellung zu benutzen, Initiatoren und Führer des begonnenen gesellschaftlichen und politischen Reformprozesses zu sein." Also: Passt auf, dass die SED nicht so tut, als sei sie die wahre Protest- und Reformpartei. Das war es, was Liefers sagte. Das hatte er sich jetzt getraut, Anfang November 1989. Und dafür gab es langen Beifall auf dem Alexanderplatz. Jeder dort wusste, wozu die Partei fähig war.

1964 beim Deutschlandtreffen der FDJ hatte sie sich noch einen netten Trick einfallen lassen, damit die Feier in den Straßen von Ost-Berlin sehr schön gesamtdeutsch erschien. Auch wenn die Westdeutschen beim Demonstrieren für den Sozialismus nicht so richtig mithalten konnten. Hermann Schreiber, damals Reporter beim *Spiegel,* beschrieb das Ganze so:

„An der Stelle, wo die Westdeutschen marschierten, hinkte der Heerwurm des Demonstrationszuges ein bisschen. Obwohl allesamt Fellow-Marschierer und obwohl besonders dicht mit

aufgemalten Ulbricht-Parolen bestückt, konnten die Friedens-
freunde aus der Bundesrepublik doch nicht ganz verhindern,
dass sie hier, im großen Pfingstmarsch der Freien Deutschen
Jugend auf dem Marx-Engels-Platz, deutlich aus dem Rahmen
fielen. Die Gruppe hatte schlechten Tritt und erinnerte auch
sonst eher an eine jener Besucherdelegationen von weit her,
die einen Schuss exotischer Folklore in den endlosen Aufmarsch brachten (...). Die Regie mochte so etwas geahnt
haben. Jedenfalls hielt sie für den Auftritt der Bundesdeutschen einen Pulk junger Sächsinnen mit Blumensträußen und
weißen, vom kurzen Nieselregen schon ein wenig angefeuch-
teten Nylon-Blusen in Reserve, die nun hinter einer der Tribünen hervorbrachen und der deformierten westdeutschen
Marschsäule querfeldein entgegenrannten. Es kam zu verein-
zelten Umarmungen, und auf den Tribünen erhob man sich
jubelfroh. Der Verbrüderungseffekt, der den zahlenmäßig wie
formal recht schwachen Auftritt der westlichen Mitläufer auf-
möbeln sollte, machte Laune."

Schreiber berichtete über diese Pfingsttage 1964 mit ironi-
scher Distanz, aber ein Auftritt machte wohl auch ihn baff.

„Bei uns besteht volle Freiheit", hörte Schreiber die
Frau sagen, die später noch berühmter und berüchtigter

werden sollte, als sie es da bereits war. Schon damals hieß sie Margot Honecker, und sie war nicht nur die Ehefrau von Erich Honecker, sondern auch die Volksbildungsministerin der DDR. Volle Freiheit also, „das Leben so zu gestalten, wie es richtig ist".

Seltsam eigentlich, dass man sich mit solchen Sätzen so lange an der Macht halten konnte. Aber es funktionierte.

Die Frau, die 1964, in Liefers Geburtsjahr, von Freiheit redete, gab erst am 2. November 1989 als Ministerin auf. Eine Ewigkeit später. Und gerade mal zwei Tage vor der großen Demonstration auf dem Alexanderplatz.

Wie zäh die Verbindungen zwischen dem Jahr 1964 und dem Jahr 1989 doch auch sind. Wie lange nichts passierte.

Bis zu diesen Novembertagen. Liefers Rede währte nur gut fünf Minuten. Aber er ging aufs Ganze, weil er der SED die führende Rolle in Staat und Gesellschaft, was immer man sich darunter auch vorzustellen hatte, nicht mehr zubilligen wollte.

Wieder fuhr er sich durch die Haare, nickte wie zur Selbstvergewisserung immer ein wenig mit dem Kopf und sagte: „Solange die Spitze der SED nur auf unser aller Druck reagiert, kann meiner Meinung nach von führender Rolle nicht die Rede sein." Dann machte er eine wegwerfende Geste mit der Hand, und da unten standen eine Menge Menschen, die diesem jungen Schauspieler nun laut und lange zuklatschten. Sie wussten noch nicht, was aus ihrem Leben werden sollte, ob sie diese DDR verlassen sollten, wenn es denn irgendwie möglich war, über Ungarn oder Prag. Oder ob sie bleiben und das Land noch verändern sollten.

Liefers spürte die Unsicherheit aller, das merkt man, wenn man die alten Aufnahmen sieht. Er sagte: „Außerdem haben, denke ich, allein die in diesem Land verbliebenen und verbleibenden Menschen darüber zu entscheiden, wen sie mit der Führung beauftragen." Wieder wurde der Applaus laut.

Die verbliebenen und die verbleibenden Menschen. In diesen Worten steckte die entscheidende Frage des Herbstes 1989 in der DDR: bleiben oder gehen? Und sie führte auch wieder in das Jahr 1964 zurück. Denn damals, drei Jahre nach dem Bau der Mauer, hatte sie sich zum ersten Mal ein winziges Stück aufgetan. Für die dahinter Verbliebenen. Im September 1964 beschloss der Ministerrat der DDR, dass Rentner das Land verlassen dürfen, wenn auch nur für kurze Besuche im Westen. Aber es war ein kleiner Spalt, der den Beton für immer schwächen würde.

Und da war noch etwas in jenem Jahr 1964, das einen Blick freigab auf die Wunden und die Verletzungen, welche die Deutschen noch bis 1989 würden ertragen müssen. Ein Film, der zeigte, dass immer etwas über dieser Mauer schweben würde: „Der geteilte Himmel", gedreht nach dem gleichnamigen Buch von Christa Wolf, das ein Jahr zuvor erschienen war. Selten ist in der Kunst der DDR die deutsch-deutsche Teilung so offen angesprochen worden wie in diesem Film von Konrad Wolf.

Er zeigt ein Liebespaar, den Chemiker Manfred und die noch sehr junge Rita, die Lehrerin werden möchte. Manfred sieht in der DDR, kurz vor dem Mauerbau, keine Chance mehr für sich. Er geht – und lässt Rita zurück. Sie kann ihm nicht folgen, will ihm nicht folgen, weil die Politik im Westen ihren Ideen nicht entspricht. Bei aller Liebe zu Manfred. „Mach mal die Augen zu", sagt er zu ihr, als sie auf einer Bank sitzen: „Bodensee, Rhein, Schwarzwald, ist das nicht auch Deutschland?" Sie widerspricht nicht, folgt seinen Gedanken aber auch nicht. Wie ist denn der Westen?, fragt sie sich. „Vieles gefällt einem, aber man hat nicht die rechte Freude daran, man ist auf erschreckende Weise allein. Schlimmer als im Ausland, weil man die eigene Sprache hört." So sieht das Rita. Dann Schnitt.

Eine Szene im Osten zeigt drei Kindergärtnerinnen, die mit vielen Kindern durch die Stadt ziehen, sehr fröhlich. Das Bild ist kein Zufall. Es ist ja 1964, und die Kinder sind überall, in Halle und Hannover, am Rhein und an der Oder. Aber sie leben nicht in einem Land.

Auch Rita und Manfred werden nicht mehr zusammenkommen. „Den Himmel wenigstens können sie nicht teilen", sagt er, als sie auseinandergehen. Aber sie ist klüger. „Doch, der Himmel teilt sich zuallererst."

Wenn man diesem Dialog aus dem Jahr 1964 nachspürt, dann begreift man, wie zerrissen die Jahre danach ins Land gingen, die Jahrzehnte. Und man begreift, dass Jan Josef Liefers das nicht mehr hinnehmen wollte, all das, was ihn seit seinem Geburtsjahr umfangen hatte. In dieser verhärteten Zeit. Es musste sich etwas ändern, endlich.

Also sprach er es deutlich aus, fünf Tage vor dem Mauerfall. „Es ist richtig, jeden Menschen zu ermutigen, die durch die Politik von Partei und Regierung in unserem Land entstandene Krise durchzustehen", sagte er. „Ich glaube allerdings nicht, dass in 40 Jahren DDR-Geschichte nur immer einzelne Personen in Krisen führten, sondern auch immer wieder die von ihnen geschaffenen und zementierten Strukturen." Wieder kam der Beifall. „Die vorhandenen Strukturen, die immer wieder übernommenen prinzipiellen Strukturen lassen Erneuerung nicht zu." Und noch einmal Beifall. Und dann mit allem Mut: „Deshalb müssen sie zerstört werden."

Das war es, oder besser, das hätte es sein können. Aber damals war da noch eine Zurückhaltung, eine andere Hoffnung. Zerstörung war nicht alles, 1989. Schon gar nicht für die vielen, die seit den 60er-Jahren in diesem Land lebten, die an manches auch geglaubt hatten. Liefers sprach es aus: „Neue Strukturen müssen wir entwickeln für einen demokratischen Sozialismus." Das war der letzte Rest vom Traum. Aber dafür gab es an diesem Herbsttag auf dem Alexanderplatz keinen Applaus mehr. Egal, Liefers hatte alles gesagt, was er sagen wollte. Nur eines noch nicht: „Danke schön."

Später hat er in einem Fernsehgespräch einmal erzählt, wie er nach seiner kurzen Rede hinter die Bühne ging, und ein älterer Mann ihm ein Stück Pflaumenkuchen anbot. Der Mann war Markus Wolf, der sagenumwobene Chef des DDR-Auslandsgeheimdienstes und Bruder von Konrad Wolf, dem Regisseur des „Geteilten Himmels". Markus Wolf war auch zu der Kundgebung auf den Alexanderplatz gekommen. Um seine Vorstellung von der DDR zu retten.

Noch im Februar 1989 hatte die Ost-Berliner Band Silly mit ihrer großartigen Sängerin Tamara Danz einen deprimierenden Hit gelandet. „Verlorne Kinder" hieß er, und er war einer der letzten großen Songs über das Leben hinter der Mauer:
„In die warmen Länder würden sie so gerne fliehn,
die verlornen Kinder in den Straßen von Berlin."

Aber am Ende waren sie nicht verloren, und sie verloren nicht. Der junge Schauspieler aus dem Jahrgang 1964 gehört zu den Siegern dieser Geschichte, genau wie Henry Maske, der junge Boxer aus dem Jahrgang 1964, der nicht auf die Straße gegangen war, damals im Herbst '89. Aber auch für ihn war dieses Leben plötzlich offen. Liefers lebt heute wieder in Berlin, Maske ist weit in den Westen gezogen, ins Rheinland. Er lebt davon, dass in seinen Restaurants einer Fastfood-Kette Hamburger verkauft werden. Auch das ist Freiheit, ganz sicher.

Und ist es nicht gerecht, dass die Leute aus dem großen Jahrgang 1964 von einer der größten Revolutionen profitierten, zumindest viele von ihnen? Als Margot Honecker endlich weg war, konnten sie die Frau beim Wort nehmen: „Bei uns besteht volle Freiheit, das Leben so zu gestalten, wie es richtig ist." So soll es sein. Selbst dann, wenn man es im Kleinen immer wieder falsch macht.

Pan Tau

Er war der Größte und der Kleinste. Pan Tau, auf Deutsch Herr Tau, war die tschechische Version des guten Onkels, des stummen Freundes, der die Kinder der 60er- und 70er-Jahre lächelnd durchs Leben begleitete und ihnen zeigte, wie albern sich Erwachsene zuweilen benehmen. Und er konnte etwas, was viele sich wünschen. Wenn er mit den Fingern an seinen Hut langte, wurde er ganz klein, fast unsichtbar. Er behielt dennoch alles im Blick.

Quarzuhr

Alle wollten sie in den 80ern, die flachen Armbanduhren mit Stahlband, die statt eines Uhrglases ein kleines Display hatten, auf dem die Zeit digital angezeigt wurde. Selbst teuerste mechanische Uhren sahen dagegen alt aus. Aber sie waren ja auch teuer, die spacigen neuen Geräte. Später kosteten sie kaum noch etwas. Jetzt sieht man sie in Berlin-Mitte manchmal wieder. An den Armen von jungen Männern, die dicke Hipster-Bärte tragen.

Jan Josef Liefers

* 8. August 1964

Schauspieler

Dieses Leben ist rund. Jan Josef Liefers nimmt einen Kugel-
schreiber und zieht einen Kreis auf der Deutschlandkarte. Das
ist sein Weg. Er beginnt in Dresden, hier wächst er auf. Dann
weist die Linie nach Berlin. Dort besucht er die Schauspielschule.
Er geht nach Hamburg und lernt den Westen kennen. Die Linie
fällt ab, nach Düsseldorf, nach Bayern. Zwischenstationen.
Zum Schluss weist der blaue Strich wieder nach Berlin. Liefers
hat Deutschland vermessen. Und im Herbst 2008, als er einen
Film in Wien dreht und dieses Gespräch über seinen Jahrgang
führt, hat er sehen können, wie es sein wird, wenn seine Generation alt wird. Liefers spielt einen jungen Musiker, der mit
einer Rockband im Altersheim probt. Wenn er sich umschaut,
sieht er grauhaarige Männer, grauhaarige Frauen, an den
Gitarren und am Schlagzeug. Sie sind alt, und sie sind sehr viele.

Herr Liefers, bedeutet es Ihnen eigentlich etwas, im Jahr
1964 auf die Welt gekommen zu sein?
Na ja, es hat sich dadurch zumindest der schöne Zufall
ergeben, dass 1970 ein wichtiges Jahr wurde.
Warum denn das?
Weil sich 1970 die Beatles aufgelöst haben, und ich in die
Schule gekommen bin.

Und davor?

Davor war ich ein Wochenkrippenkind in Dresden, das heißt, ich war tatsächlich die ganze Woche in der Krippe und nur am Wochenende zu Hause, das hört sich zwar irgendwie nach einem Künstlerleben an, aber diese Wochenkrippe hat tatsächlich meine persönliche Abneigung gegen solche Kinderverwahranstalten geprägt, ich könnte da auf dem Absatz umdrehen, sofort, wenn ich solche Kinderaufbewahrungsstätten sehe, aber das gibt es ja heute auch nicht mehr. Sind Sie eigentlich aus dem Westen?

Ja, wieso?

Dann kennen Sie das sowieso nicht, diese Wochenkrippen.

Stimmt, aber ich kann mir vorstellen, dass es etwas Besonderes war, in diesem zerbombten Dresden aufzuwachsen, in den 60er-Jahren, wo die Spuren des Kriegs noch überall zu sehen waren.

Ja sicher, unsere bevorzugten Spielplätze waren ja die zerstörten Häuser, da konnte man alles machen. Wir haben auch noch die Bombensplitter in den Bäumen gesehen, das war Dresden.

Und wie war es zu Hause?

Wir hatten eine irrsinnig kleine Wohnung, gerade mal

34 Quadratmeter, sie lag in einem dieser Neubauten an der Prager Straße, dort, wo auch das Dresdner Rundkino stand.

Der Neuaufbau Dresdens, das war doch die Idee der modernen Stadt für zukünftige Generationen, knapp zwanzig Jahre nach dem Krieg.

Ja, und ich war völlig fasziniert von einer dieser neuen Leuchtreklamen, wenn ich nach draußen aus dem Fenster geschaut habe, da leuchtete das Wort „Willkommen" in vier Sprachen, das hat mich beschäftigt, das Nichtdeutsche, das Internationale.

Das war ja auch ein Versuch, die DDR weltläufig zu machen, gerade in Dresden.

Kann sein, aber ich habe das als Kind nicht so interpretiert. Es ist doch so: Das, was man vorfindet, erachtet man als normal.

Später sind Sie dann nach Berlin gegangen, an die Schauspielschule, und irgendwann haben Sie sich nicht mehr mit dem abgefunden, was Sie vorfanden.

Vielleicht ist es ja so, dass man lange braucht, um zu wissen, was man nicht will, und noch länger dafür zu erkennen, was man will.

Sie haben dann bei der großen Demonstration am 4. November 1989 auf dem Berliner Alexanderplatz, kurz vor dem Mauerfall, deutlich gesagt, was Sie nicht mehr wollen.

Ja, die Vorherrschaft der SED, darum ging es, dieser ganze Apparat, der sollte verschwinden. Das wollten wir klarmachen. Dieser Tag im November hatte schon antike Ausmaße, so etwas werden meine Kinder nicht erleben, und eigentlich bin ich auch froh darüber, dass sie etwas anderes vorfinden.

Es war eine Zeitenwende.

Ja, damals auf dem Alexanderplatz, da kamen all die ungehaltenen Monologe hoch, die ganzen Jahre, die ganzen Brüche meiner Generation, die lange Zeit, sich selbst zu finden. Und es war klar, dass jetzt nichts bleiben würde, wie es war.

Und dann war schon bald der Westen da.

Zumindest fiel die Mauer. Ich habe aber in diesem Jahr 1989 noch etwas anderes für mich entdeckt. Ich habe mit dem Regisseur Rainer Simon „Die Besteigung des Chimborazo" gedreht, einen Film, in dem ich den Forscher Alexander von Humboldt spielte. Wir drehten in Ecuador auf 5500 Metern Höhe. Und da wurde mir klar, dass die Welt nicht nur Osten oder Westen sein muss, sondern dass da noch mehr ist, etwas Drittes. Das ist mir bis heute geblieben. Es ging nicht darum, den Westen kennenzulernen, es ging um die Welt.

Damals war nicht klar, wie sich diese Welt auch für Sie verändern würde. Mehr als zwanzig Jahre sind seither vergan-

gen, und Sie prägen heute eine Institution der alten Bundes-republik, den „Tatort". Auch das ist eine große Karriere, oder?

Karriere ist für mich ein Abfallprodukt von Arbeit, das ist es doch. Und schauen Sie Georg Büchner an, der hatte mit 23 schon sagenhafte Stücke geschrieben, und was haben wir geschafft?

Der Mauerfall kam zur richtigen Zeit, Sie waren nicht mehr ganz jung, standen schon ein paar Jahre auf der Bühne, aber Sie waren jung genug für alles, was da kommen sollte.

Vor allem hätte ich eigentlich im Herbst 1989 zur Armee gemusst. Das hatte sich dann erledigt.

Im Jahr 2000 hat ein Journalist über Sie geschrieben: Der Alleskönner aus Dresden hat noch alle Zeit der Welt. Abgesehen davon, ob das stimmte – wie viel Zeit ist heute geblieben?

Ich habe zumindest nicht mehr das Gefühl, alle Zeit der Welt zu haben, sehr realistisch gesehen ist das, was wir jetzt haben, die Lebensmitte.

Und doch hat man den Eindruck, dass diejenigen, die jetzt 50 werden, weit jünger sind, als ihre Väter es damals waren.

Sagen wir es so: Leute wie wir haben schon eine Menge Leben hinter uns und stehen noch ganz gut da, es ist jetzt unsere Zeit.

Aber wir haben viele Jahre gebraucht, um zu wissen, dass wir jetzt dran sind. Und jetzt sind es die besten Jahre.

Fühlen Sie sich eigentlich jünger, wenn Sie mit Ihrer Band Oblivion auftreten, den Soundtrack Ihrer Kindheit spielen?

Nein, aber darum geht es auch nicht bei den Konzerten. Jünger fühle ich mich, wenn ich Fußball spiele, dann bin ich wieder 17. Und gute Momente im Theater, da kann es auch so sein, solche Momente geben Lebenszeit zurück.

Sind eigentlich Wünsche offen geblieben bisher?

Schon, aber das ist überschaubar, und manche sind auch gar nicht erfüllbar.

Was denn zum Beispiel?

Ich würde gerne einen Blick auf die Kindheit meiner Eltern werfen, sie so sehen, wie sie damals waren.

Gibt es einen Satz, eine Weisheit, die Ihnen geholfen hat, seit der Trennung der Beatles bis heute?

Man sollte nicht immer nur Aufgaben erfüllen. Vielleicht ist es das.

Und was stört Sie am meisten beim Älterwerden?

Es ist immer zu wenig Zeit. Für alles.

Klingeltöne
Das vernetzte Leben

Klingeltöne

Sie waren nun endlich erwachsen, richtig erwachsen, nicht mehr 18 nur, sie waren jetzt um die 30. Sie lebten in den 90er-Jahren, sie lebten in der neuen Bundesrepublik, in einem Land ohne Mauer, und es war ihre Zeit. 1964 war schon so weit, doch es war immer noch ihr Fundament, nach all den Jahren.

Wie so oft im Sommer hatten sie sich für ein paar Wochen aus Deutschland auf die kleine italienische Insel zurückgezogen. Sie liebten die Abgeschiedenheit, was für ein schönes altmodisches Wort, sie freuten sich schon auf der Fähre auf die träge Stille der Insel. Nur das Schwirren des Sommers würde in der Luft liegen, die zersausten Möwen, ein paar lachende, ein paar kreischende Kinder in den Straßen, dann und wann ein bellender Hund und das hohe Sägen der Vespas in den Kurven am Berg.

Wie immer würden sie lange schlafen, dann am Strand dösen; und wenn die Sonne unterging, sich zum Hafen aufmachen, sie würden ein kleines Restaurant finden, Fisch essen, Wein trinken, lange reden. Manchmal streiten. Sie waren ja schon ziemlich rumgekommen mit der Zeit. Manchmal brauchten sie ihre Ruhe, so wie ihre Eltern das immer gesagt hatten, damals. Da hatten sie noch gelacht. Die Insel aber würde ihnen Ruhe geben, Italien die Gelassenheit, die sie suchten. Wirklich?

Es war das Jahr 1996, und schon auf der Fähre war alles anders. Oben auf dem Deck, in den Cafés, selbst in den engen Waschräumen klingelte und bimmelte es. „Pronto!"

Fast hatte man den Eindruck, dass schon jeder Italiener besaß, was in Deutschland noch ein relativ exklusives Vergnügen war: ein Handy. So nannten und nennen die Deutschen ihr Mobiltelefon. Ein komisches Wort, das es im Englischen nicht gibt. Die Italiener dagegen hatten schon in den 90er-Jahren einen schönen Kosenamen für ihr kleines Telefon gefunden: Telefonino. Und so, wie sie es nannten, so liebten sie es auch. Auf der Fähre, die zu der kleinen Insel nördlich von Rom übersetzte, schmiegten sie ihre Telefoninos an die Wangen, Ohren und Lippen und redeten laut und lange. „Pronto!"

Es war der Sommer, in dem die Ruhe dahin war, und nach dem sie sich nie wieder einstellen würde.

So war es, und so war es auch am Strand in der kleinen Bucht, wo nun sogar schon der Sonnenschirmverleiher ein Telefonino am Ohr hatte, wo mittelalte italienische Männer mit bleichen Füßen im Wasser standen, während sie ins

Telefon brüllten. Es war atemberaubend, wie sich die Insel in einem Jahr verändert hatte. „Pronto!"

An einem der Abende in einem Restaurant am Hafen saß ein schon grauhaariger Italiener alleine am Tisch. Die Sonne war noch nicht untergegangen, bald würden die Vorspeisen kommen. Der Mann nestelte in der Innentasche seines schmalen Jacketts herum. An den Tischen nebenan saßen einige Pärchen, ein paar Familien, Kinder. Der Mann hatte für all das kein Auge und vor allem kein Ohr. Er hatte jetzt sein Telefonino aus der Jacke hervorgekramt und tippte eine Nummer ein. Dann ging es los. Er redete mit seiner Mutter, später würde sich herausstellen, dass sie in Florenz wohnte, man konnte das gar nicht überhören. Er redete und redete, er redete laut, und alle konnten mithören, was er sagte.

Das war damals noch neu und völlig ungewohnt, dass ein Mensch allein in einem Restaurant in ein Telefon redete und jeden mithören ließ. Die Leute reckten die Köpfe, kicherten ein wenig, aber der Mann bestellte mit dem Telefon am Ohr, er aß die Nudeln mit dem Telefon am Ohr, er bestellte noch einmal, aß den Fisch mit dem Telefon am Ohr, er biss in die Dolci mit dem Telefon am Ohr, trank Espresso mit dem Telefon am Ohr, bezahlte auch so und ging so, schlenderte die Hafenpromenade hinunter und telefonierte immer noch. Es war erstaunlich, nur dass es bald nicht mehr erstaunlich sein würde.

Zurück in Deutschland, war erst einmal eine kurze Zeit Ruhe. Ja, es war fast ruhiger in den großen deutschen Städten als auf dieser kleinen Insel im Mittelmeer. Aber es dauerte nicht mehr lange, da waren auch in den Straßen und auf den Plätzen von Berlin, Hamburg, Köln und Leipzig all die Gespräche zu hören, die man gar nicht mithören wollte. So wie damals auf der Insel, in jenem Sommer, in dem die Stille verschwand. Damals, als der Sturm anhob, der SMS, E-Mails, Facebook, Twitter und LinkedIn mit sich bringen würde. Ein Sturm, den so viele der 64er zunächst als einen ungeahnten Aufwind und später als ein gewaltiges Zerren an allem empfinden würden.

So begann es, mit einem grauhaarigen Mann, der beim Essen noch telefonierte, mit den Telefoninos, die ihre Klingeltöne über den Strand schickten. Aber begann es wirklich so?

Ja schon. Aber es gab noch etwas davor, und leider muss man sagen, dass nicht die Italiener, sondern wie üblich die Deutschen an allem schuld waren.

Denn es hatte schon so lange vorher begonnen, in einem Schnellzug zwischen Hamburg und Berlin, in jenen 20er-Jahren in Deutschland, die so voller Hoffnung waren.

Damals, 1926, konnten die Passagiere der ersten Klasse der Reichsbahn zwischen Hamburg und Berlin aus dem Zug heraus telefonieren, damals war es eine Weltsensation. Es war eine deutsche Ingenieurleistung in den Goldenen Zwanzigern; und was sie bedeutete, war auch nach dem Zweiten Weltkrieg und so viele zerstörte Städte später nicht vergessen. 1958, also dreizehn Jahre nach Kriegsende und nur sechs Jahre vor dem deutschen Rekordjahrgang, spannte die Deutsche Bundespost ein Netz über das Land, das schon wieder sensationell war und das der Anfang von all dem sein sollte, was heute das Leben der Meisten in Deutschland bestimmt. Die Bundespost gründete das sogenannte A-Netz für Autotelefone, es wurde schnell das größte öffentliche Mobilfunknetz der Welt. Wobei das alles sehr relativ war, da im deutschen A-Netz gerade einmal knapp 11 000 Teilnehmer telefonierten, Leute mit sehr viel Geld, Firmen vor allem, denn allein ein Autotelefon für das A-Netz kostete damals fast dreimal so viel wie ein Kleinwagen.

Vierzehn Jahre lang, bis 1972, reichte das A-Netz den Deutschen, oder sollte man sagen, den wenigen Deutschen, die überhaupt wussten, dass es so etwas wie ein Mobilfunknetz gab. Doch es wurden immer mehr, die aus dem Auto telefonieren wollten, und so musste sich die Bundespost etwas überlegen. Die Lösung hieß, wie auch sonst, B-Netz, und diese Funkverbindung reichte sogar bis nach Österreich und Holland. Die Geräte, vor allem Autotelefone, waren zwar immer noch höllisch schwer, aber sie funktionierten ganz gut.

Und so erlebte Erich Kästner in seinen letzten Jahren, er starb 1974, doch noch, dass eine seiner versponnenen Utopien wahr werden sollte. Kästner, der auf dem Bogenhausener Friedhof in München begraben liegt, dort, wo heute Schüler einer benachbarten Privatschule mit Handys am Ohr hin und her laufen, dieser große Schriftsteller hatte 1931 in seinem Kinderbuch „Der 35. Mai oder Konrad reitet in die Südsee" vorausgesehen, was eines Tages in Deutschland passieren würde. Ohne zu glauben, dass es wirklich jemals passieren würde. Er schrieb also zu Beginn der 30er: „Ein Herr, der vor ihnen auf dem Trottoir langfuhr, trat plötzlich aufs Pflaster, zog einen Telefonhörer aus der Manteltasche, sprach eine Nummer hinein und rief: ‚Gertrud, hör mal, ich komme heute eine Stunde später zum Mittagessen. Ich will vorher noch ins Laboratorium. Wiedersehen, Schatz!' Dann steckte er sein Taschentelefon wieder weg, trat aufs laufende Band, las in einem Buch und fuhr seiner Wege."

Eine Utopie? Sicherlich, aber eine schönere Utopie wäre es gewesen, wenn die Menschen etwas Wichtigeres in ihre

Handys gesprochen hätten, als dass sie eine Stunde später zum Mittagessen kommen würden. Das ist nämlich nicht passiert, auch bald 80 Jahre nicht nach Kästners Einfall mit dem Telefonhörer in der Tasche.

In den 60er-Jahren aber war das Telefon vor allem noch eines: ein Möbelstück. Es stand mausgrau, mit einer hellen Wählscheibe und einem großen Plastikhörer im Flur der deutschen Häuser, manchmal auch im Wohnzimmer. Man rannte nicht mit dem Telefon durch die Wohnung oder den Garten, man stand, saß oder hockte im Flur. Die Bundespost nannte das Telefon damals übrigens Fernsprechtischapparat, kurz FeTAp. Und für all die vielen, die 1964 geboren wurden, war es völlig klar, dass dieser Fernsprechtischapparat, dieses Telefon, den Eltern gehörte. Und dass man erst dann ein eigenes Telefon haben würde, wenn man in eine eigene Wohnung zog.

Ein Telefon im Haus war für die Eltern der 64er auch noch ein Kontrollinstrument. Sie wussten ja, wer anrief und ihre Kinder sprechen wollte. Denn damals nahm selbstverständlich der Haushaltsvorstand, wenn er denn im Haus war, den Hörer ab, bevor er ihn gnädig an seine Kinder weitergab („Sag deinen Freunden, dass bei uns nicht zur Mittagszeit angerufen wird"). Undenkbar, dass irgendwann der Mobilfunk die

Kinderzimmer ohne Umwege und zu jeder Uhrzeit erreichen würde („Sag' deinen Freunden, dass man bei uns nach acht nicht mehr anruft.") Wenn doch einmal nachts das Telefon klingelte, dann war klar, dass etwas Schlimmes passiert sein musste. Und Vater oder Mutter in den Flur laufen mussten, denn Telefone am Bett, die gab es eigentlich nur im Hotel oder im „Tatort". Aber da wurde ja auch im Bett geraucht.

Niemand aus der Firma des Vaters wäre in den 60ern auf die Idee gekommen, am Samstag oder Sonntag bei den Leuten zu Hause anzurufen. Auch Erich Kästner hätte sich damals wohl nicht ausdenken können, dass heute Menschen am Wochenende schnell Briefe beantworten, die sie E-Mails nennen, und die ihnen ihre Chefs auch sonntags schicken. So was Verrücktes. Und wer hätte nicht gelacht bei der Vorstellung, dass Eltern noch schnell etwas in ihre kleine Reiseschreibmaschine tippen, während sie ihre Kinder ins Bett bringen? Aber ist es nicht genau das, was die Eltern heute tun? Nur dass sie selbstverständlich nicht auf Reiseschreibmaschinen, sondern auf ihren Smartphones herumtippen. Selbst dann noch, wenn sie den Kinder Gute Nacht sagen.

Aber schon in den 70ern war eigentlich klar, dass es bald mit der Ruhe dahin sein würde. 1973, da waren die 64er nicht einmal zehn Jahre alt, führte Martin Cooper das erste Handy-Gespräch der Welt. Er telefonierte nicht aus einem Zug heraus oder mit einem Autotelefon, er hielt an diesem 3. April 1973 auf der Sixth Avenue in New York tatsächlich ein Handy in der Hand. Cooper war Ingenieur bei Motorola, und der Prototyp, mit dem er telefonierte, war immer noch ein Kilo schwer, sah aus wie ein Knochen und hatte nur für zwanzig Minuten Strom aus der Batterie. Cooper sagte, das mit der kurzen Ladungszeit sei ohnehin egal, weil niemand dieses schwere Telefon länger als 20 Minuten in die Höhe halten könne. Aber es funktionierte. Cooper sagte: „Hi, hier ist Marty". Und der Mann, den er angerufen hatte, sein Konkurrent Joel Engel vom Telefonkonzern AT&T, verstand es auch.

Zehn Jahre später, als die 64er gerade erwachsen geworden waren, kam dann in den USA tatsächlich das erste Serienhandy auf den Markt. Selbstverständlich hatte es Coopers Firma Motorola gebaut, es kostete 4000 Dollar, und seine Batterie hielt immerhin eine Stunde durch. Das Design hatte Rudy Krolopp entworfen, der sich mit dem neuen Handy gleich einen schönen Spaß machte und von der Terrasse eines Restaurants den Manager im Saal anrief. Krolopp bat ihn, Wasser nach draußen zu bringen. Auch so eine ganz wichtige mobile Unterhaltung.

Doch das alles war nur ein Vorgespräch für das, was das Leben der 64er später bestimmen sollte. Denn da gab es ja seit Anfang der 70er-Jahre noch etwas, was kaum jemand bemerkt hatte. Selbst Ray Tomlinson, der im Jahr 1971 die erste E-Mail der Welt verschickte, weiß nicht mehr genau, was in dieser Mail stand. Aber er veränderte die Welt. Na ja, Deutschland noch nicht, dort kam die erste E-Mail 1984 an, in Karlsruhe.

Kaum vorstellbar, dass es dann noch 20 weitere Jahre dauern sollte, bis Mark Zuckerberg mit Facebook 2004 an den Start ging, hierzulande dauerte es sogar 24 Jahre, da die deutsche Version ja erst im Frühjahr 2008 aufgelegt wurde. Vielleicht schon zu spät für die 64er, vielleicht auch gerade richtig, weil so mancher, der sich aus diesen Sachen raushalten wollte, es nicht mehr mitmachen musste. Zumindest liegen die 40 bis 49-Jährigen in den Statistiken zur Nutzung sozialer Netzwerke eher zurück. Vielen von ihnen gefällt das nicht so.

Die über 50-Jährigen, und das werden die 64er ja bald sein, werden in solchen Statistiken manchmal gar nicht mehr erfasst. Aber das wird sich ändern, denn die Statistiken zeigen auch, dass die Älteren in den vergangenen zehn Jahren bei der Internetnutzung immer etwas aufgeholt haben. Wahrscheinlich schon deshalb, um ihre Kinder zu verstehen, um nicht in einem Land auf zwei Planeten zu leben. Die Anzahl der Handy-Nutzer in Deutschland ist übrigens quer durch alle Altersgruppen relativ gleich groß. Nur die über 65-Jährigen reden ein bisschen weniger in aller Öffentlichkeit, dafür beginnen Statistiken über Handy-Nutzer mittlerweile bei Zehnjährigen. Wenn das mal kein Fortschritt ist.

Es gibt Berechnungen, die davon ausgehen, dass der amerikanischen Wirtschaft durch den exzessiven Gebrauch von Mails in den Firmen des Landes ein Schaden von Hunderten Milliarden entsteht. Weil die Leute ihre Arbeitszeit mit dem Lesen von E-Mails verbringen, die sie eigentlich nicht betreffen.

Wie hätte man das alles ahnen können, in jenem Sommer Mitte der 90er-Jahre, als die Menschen auch in einer kleinen Bucht im Mittelmeer begannen, in ihre Telefone zu schreien? Wer hätte geglaubt, dass das nur der Anfang war, und dass nun alle in allen Restaurants mit Smartphones sitzen, ja, dass auch in München die Weinkarte auf dem iPad gereicht wird?

Als ARD und ZDF im Jahr 1997 mit ihren Studien zum Online-Verhalten der Deutschen begannen, da waren es gerade sieben Prozent der Bundesbürger, die sich damit beschäftigten. Fünf Jahre später, 2002, war schon fast die Hälfte der Deutschen online. Mittlerweile sind es knapp 80 Prozent, und die letzten 20 werden auch noch eingefangen werden. Weil sich Überfahrten auf italienische Inseln nur noch online buchen lassen. Weil ihre Krankenkasse nur noch per Mail mit ihnen kommunizieren will. Oder weil die 64er sich zu ihrem 50. doch noch digital feiern lassen wollen. Weil ihnen ihre Kinder erklärt haben, dass man bei Facebook zum Geburtstag ganz viele Glückwünsche von Freunden bekommt, auch von denen, die man lange nicht gesprochen hat.

Und weil man dann bei Facebook eine kleine Einsicht von Rudy Krolopp posten könnte, dem Mann, der das erste Motorola-Handy designte, der den Anfang machte und die Stille auf der Erde zerschnitt. Krolopp wusste, was er der Welt angetan hatte. „Wenn ich auf dem Flughafen ein Privatgespräch mithören muss, denke ich schon manchmal: Mein Gott, was haben wir da getan?"

Dann aber hat Krolopp gelächelt. Wahrscheinlich wusste er, dass in diesem Moment Hunderttausende Kinder ihre Eltern mit einem Handy anrufen, nur um zu sagen, dass alles in Ordnung ist, am Strand, im Schullandheim, in einem Club. Oder zu Hause, wo die Kinder allein sind, weil die Eltern unterwegs zu einer Party sind, zu einem 50. Geburtstag. Wie beruhigend.

Rubik's Cube

Der bunte Zauberwürfel, den der Ungar Ernö Rubik erfunden hat, war die Plage einer Generation. Sicher, es gab bestimmt ganz einfache, logische Lösungen, das Ding in den Ursprungszustand zurückzudrehen – aber es gab vor allem immer ein Mädchen oder einen Jungen in der Klasse, die intuitiv wussten, wie es geht. Die anderen gaben einfach auf. Noch heute liegen Zehntausende verdrehte Würfel in irgendwelchen Schubladen.

Seepferdchen

Das Seepferdchen, das Frühschwimmerabzeichen, kann noch 17-Jährigen verliehen werden. Aber wer wollte so lange warten, bis das Seepferdchen auf der Badehose prangte? Der erste Orden im Leben: für den Sprung ins Wasser, 25 Meter Schwimmen und das Heraufholen eines Rings aus schulter-tiefem Wasser. Aber wie tief das damals war, schultertief.

Trabant

Den Kleinwagen aus der DDR gab es schon seit 1958. Doch das Modell, das bis zum Mauerfall aktuell war, der Trabant 601, wurde im Jahr 1964 aufgelegt, im Kinder-Rekordjahr. Und auch dieser Trabant war ein Rekord. Von keinem anderen Modell des Wagens wurden mehr Exemplare gebaut. Bis 1990 waren 2,8 Millionen Autos von den Bändern gerollt.

Kai Diekmann

* 27. Juni 1964

Journalist

Seit Jahren hat er dasselbe Büro im Springer-Hochhaus in Berlin, dort, wo einst die Mauer verlief. Dort, wo er Chef-redakteur der *Bild*-Zeitung ist. Es hat sich nicht viel verän-dert in diesem Büro, das auffälligste Zeichen ist die braune Ledertasche, die neben seinem Schreibtisch steht, und die beklebt ist mit Aufklebern von kalifornischen Netz-Unter-nehmen: Google, Facebook und Flickr. Kai Diekmann ist zurück aus Amerika, zurück aus dem digitalen Abenteuer, das nicht allzu viele 64er erleben. Aber auch er schreibt noch Briefe, wenngleich er es heute anders macht. Auch sein dichter Bart, den man früher altmodisch, 68er-haft, genannt hätte, ist heute irgendwie neu. So ist das mit den Zeichen und Codes der Jahrzehnte.

Herr Diekmann, was wäre aus Ihnen geworden, wenn es in Ihrer Jugend schon Facebook gegeben hätte?
Dann würde ich vielleicht nicht hier sitzen, nach all dem Unsinn, den ich damals angestellt habe.
Was haben Sie denn gemacht?
Schräge Fotos, inszenierte Szenen und andere Aktionen. Wie gut, dass das auf einen sehr kleinen Kreis von Menschen beschränkt geblieben ist. Hätte es Facebook gegeben, hätte

ich vielleicht alles gepostet und wäre davon später eingeholt worden. Ich bin also glücklich, das ganze Zeug heute nicht irgendwo sehen zu müssen. Übrigens bin ich auch dafür, Postings nach 22 Uhr und nach zwei Glas Wein zu verbieten.

Was war denn unser Facebook, damals?

Wer eine Profilneurose hatte, musste sich irgendwie bei der Schülerzeitung engagieren, das war die erste und einfachste Möglichkeit, andere Leute mit seinen Einsichten, Ansichten und Erkenntnissen zu beglücken. Ich habe das ja auch gemacht, aber die ganzen Geschichten sind heute zum Glück nicht mehr auffindbar. Man hat Unsinn geschrieben, war in der Pubertät, wollte provozieren.

Können Sie sich an die Zeit vor den Handys erinnern?

Ja, klar. Aber das änderte sich ja bald. Ich erinnere mich an die späten 80er- und die frühen 90er-Jahre. Da war ich schwer beeindruckt, als ich mal mit Norbert Blüm im Auto mitgefahren bin, der war damals Minister und hatte schon ein Autotelefon. Und dann habe ich gesehen, dass es bei Helmut Kohl gleich zwei Telefone im Auto gab. Das war ja noch besser.

Und Ihr erstes Mobiltelefon?

Das war so ein Riesenkasten mit Antenne, C-Netz, damit waren wir damals in der DDR und in den neuen Bundesländern unterwegs, 1989, 1990. Aber natürlich kann ich mich auch daran erinnern, wie es war, als es nur das Festnetz gab.

Wo wurde denn bei der Familie Diekmann zu Hause in Bielefeld telefoniert?

Im Wohnzimmer stand das einzige Telefon im Haus. Und natürlich gab es das ewige Theater: Muss das sein, telefonier' nicht zu lange. Als ich dann begann, professionell für die Schülerzeitung zu telefonieren, wurde ich in die Telefonzelle unten auf der Straße verbannt. Und ich habe viel telefoniert.

Die Telefonzelle als eine Art Mobiltelefon, auch keine schlechte Idee.

Ja, bei uns in der Redaktion gibt es in den Großräumen ja auch immer wieder die Frage: Wo kann ich denn ungestört telefonieren? Ich habe in New York in einem Unternehmen dafür mal eine großartige Lösung gesehen. Die haben in den Großraum einfach zehn alte englische Telefonzellen gestellt. Wer will, kann darin in Ruhe reden.

Durfte man damals bei der Familie Diekmann in der Mittagszeit anrufen?

Nein, natürlich nicht, zwischen 13 und 15 Uhr war Mittagsruhe. Nach 20 Uhr sollte man auch besser nicht anrufen, und sonntags war auch ganz schwierig.

Hat Ihr Vater noch Briefe geschrieben?

Hat er, ich konnte sie aber kaum lesen, war eine schlimme Klaue. Meine Mutter schreibt mir heute noch Briefe.

Und Sie, schreiben Sie noch Briefe?

Ja schon, aber manchmal ist es etwas außergewöhnlich, wie ich das mache. Als ich die vergangenen Monate in Kalifornien war, in Palo Alto, wollte ich natürlich auch zu Geburtstagen von Freunden Briefe schreiben, aber manchmal war ich eben ziemlich spät dran. Allerletzte Minute. Dann habe ich mir einen DIN-A4-Bogen genommen, den Brief handschriftlich verfasst, ihn mit dem iPhone abfotografiert und nach Berlin geschickt. Dort hat ihn mein Sekretariat auf besonderem Fotopapier ausgedruckt und als Brief wieder abgeschickt.

Das klingt nach Manufactum digital.

Aber es sieht toll aus, und ist der schnellste Weg.

Schreiben Sie öfters noch mit der Hand?

Sicher. Redeentwürfe schreibe ich am liebsten auf Papier, auch seitenweise. Zum Beispiel die kleine Ansprache, die ich vor der Redaktion gehalten habe, als ich nach einem Jahr in Amerika wieder hier in Berlin war. Das habe ich alles handschriftlich formuliert. Weil ich mich dann dazu zwinge, anders, strukturierter zu denken. Das funktioniert bei mir am besten handschriftlich.

Interessant, nach einem Jahr Silicon Valley.

Ich habe auch in Amerika immer in meine Notizbücher geschrieben. Manchmal erkenne ich sogar an der Art meiner Handschrift, wo ich war.

Träumen Sie sich manchmal in die Zeit zurück, in der es keine Handys, keine iPads, keine Mails und Tweets gegeben hat?

Ja.

Ein Albtraum oder ein schöner Traum?

Manchmal muss man sich von dieser ewigen Erreichbarkeit auch befreien können, denn andauernde Kommunikation kann ja auch zu einem Mangel an Konzentration führen. In den USA war zweimal mein Handy weg beziehungsweise kaputt – irgendwie krank, dauernd dieses komische Gefühl zu haben, nicht erreichbar zu sein. Seltsam, oder?

Ist das auch in Ihrer Familie ein Thema?

Meine Frau mag es nicht, wenn ich abends ins Haus komme und noch telefoniere. Deshalb haben wir die Regel, dass ich versuche, vorher fertig zu werden. Deshalb fahre ich dann entweder noch einmal um den Block, oder ich bleibe draußen vor der Tür. Aber meine Frau wiederum hat immer diesen Knopf im Ohr. Da weiß ich dann nie, spricht sie jetzt mit mir oder telefoniert sie?

Wie kommunizieren Sie mit Ihrer Familie?

Vor allem reden wir miteinander, und wir telefonieren. Aber wir mailen auch. Damit ich weiß, was in der Familie los ist, setzt mich meine Frau bei ihrem Mailverkehr, zum Beispiel mit Lehrern, immer in cc. Interessant fand ich übrigens, wie meine Tochter in der amerikanischen Schule an die modernen Kommunikationsmedien herangeführt wurde. Da kommt jemand von der Polizei in die Klassen, um ihnen die Gefahren und Möglichkeiten von Facebook zu erläutern. So etwas gibt es, glaube ich, hier gar nicht.

Was überwiegt denn in Ihrer Bilanz, sind es die Zumutungen oder eher die Möglichkeiten der neuen Kommunikationsmittel?

Wenn es um die Möglichkeiten geht, muss man sich doch nur mal an früher erinnern. Wenn ich als Reporter zum Beispiel in Afrika unterwegs war, da musste ich mich irgendwo hinhocken, meine Geschichte von Hand schreiben, mir ein Telefon suchen, was oft sehr schwierig war, und die Geschichte in die Redaktion durchtelefonieren.

Und heute?

Heute sage ich meinen Leuten: Ihr habt alle Möglichkeiten, ihr habt mit einem einzigen Smartphone eine komplette

Redaktionszentrale in der Jackentasche. Es ist eine extreme Erleichterung, es macht alles so viel einfacher.

Und es wird noch weitergehen. Wer weiß, ob wir in zehn Jahren noch Desktops haben?

Ich glaube es nicht. Die Smartphones werden die Fernbedienung für unser Leben werden, alles wird mobil sein. Wirklich alles.

Das heißt auch, dass alle immer überall online sein werden. Wie viele Mails bekommen Sie heute an einem ganz gewöhnlichen Tag?

Ich schätze, ich bekomme drei- bis vierhundert. Aber die sehe ich nicht alle, denn mein Sekretariat sorgt für eine Auswahl. In Amerika habe ich übrigens meine Mails alle selber bearbeitet, weil das dort jeder macht. Aber manchmal habe ich mich schon gefragt: Werde ich eigentlich dafür bezahlt, Mails zu beantworten?

Es bleibt ja auch nicht bei Mails.

Nein, das ist ja das Schlimme bei einer Kommunikation über so viele unterschiedliche Plattformen. Mit einem ganz kleinen Kreis kommuniziere ich über SMS. Dann kommt Facebook dazu, Twitter und LinkedIn.

Schafft man das noch?

Kaum. Im Prinzip müsste man all diese Plattformen zusammen-
führen, aber daran haben die Betreiber kein Interesse.

**Heute kann man sich von Suchmaschinen durchs Leben
leiten lassen, sie finden alles, was einen interessiert, keine
Ihrer Interessen entgeht ihnen. Aber nichts kommt mehr
zufällig auf Sie zu, oder?**

Nein, aber die Suchmaschinen wissen oft sogar noch besser
als Sie selber, was Sie interessiert. Sie kennen Ihre Verhaltens-
muster, wissen, wo Sie sind und lernen alles über Sie.

Fürchten Sie sich manchmal davor?

Nein, ich bin da sehr entspannt.

Was macht Sie so entspannt?

Meine Offenheit, meine Transparenz. Wenn ich im Netz nichts
mache, wofür ich mich schämen muss, ist das am Ende egal.
Außerdem helfen mir die Suchmaschinen im Alltag doch sehr.
Sie lassen nichts aus, wofür ich mich interessiere.

**Aber Sie lernen dann auch nichts mehr kennen, wofür
Sie sich nicht schon interessiert haben. Sie werden nicht wie in
einer Zeitung mit Themen überrascht, von denen Sie nichts
gewusst haben.**

Stimmt nicht, das können die Suchmaschinen auch längst.
Wenn Sie sich für italienischen Rotwein interessieren, dann

kommt das Programm auch auf die Idee: Schlagen wir dem doch jetzt mal einen deutschen Riesling vor.

Klingt menschlich.

Ja, aber ich glaube, das beste Prinzip ist eine Mischung aus menschlicher Intelligenz und Computerintelligenz. Und heute ist es doch so: In einem simplen Smartphone ist mehr Computerintelligenz als in der *Apollo*-Rakete, die die Astronauten auf den Mond geschossen hat.

Aber war nicht die allererste Mondlandung dennoch das spektakulärere Ereignis als die Markteinführung des Smartphones?

Es kommt zumindest alles so schleichend in unser Leben. Wenn ich mich frage, wann gab es denn zum Beispiel die ersten iPhones, die ersten Tablet-Computer, da muss ich schon nachdenken. Wann die erste Mondlandung war, das weiß ich aber noch genau.

Und die erste Mail? Können Sie sich noch an den Inhalt Ihrer ersten Mail erinnern?

Nein, das kann ich nicht. Ich kann mich nur noch daran erinnern, dass ich irgendwann immer mehr Mails und kaum noch Briefe bekommen habe. Briefe hebe ich übrigens immer noch auf.

Das bleibt.

Das schon. Es gab ja auch noch eine Zwischenstufe zwischen Brief und Mail: die Faxe. Davon ist fast nichts mehr da, weil auf dem Faxpapier alle Schrift verschwindet im Laufe der Zeit. Alles verblichen, alles weg.

Schauen Sie sich ab und zu alte Briefe an?

Ja, sehr gerne.

Und alte Mails?

Nein, niemals.

Vater, Mutter, Kind
Die Familienpackung

Vater, Mutter, Kind

Claudia Jacobs, eine Frau des Jahrgangs 1964, eine Journalistin und Autorin, die in München lebt, hat sich neulich mit etwas befasst, das sie selbst nicht braucht. Sie hat einen „Kleinen Eheberater" geschrieben. Für die anderen. Für diejenigen, die Beratung nötig haben.

Seit mehr als dreißig Jahren ist Claudia Jacobs mit ein und demselben Mann zusammen. Sie ist mit ihm seit mehr als zwanzig Jahren verheiratet, hat mit ihm zwei Töchter, eine Eigentumswohnung, und wahrscheinlich, wenn nicht nur ein bisschen, dann sogar großes Glück. Je nach Tagesform.

Claudia Jacobs und ihr Mann leben das, was so viele wollen, aber so wenige schaffen. Sie können im Restaurant noch miteinander reden, und nicht nur über die Kinder, sie schweigen sich nicht an, aber sie können sich auch in Ruhe lassen. Sie haben keine Familie, sie sind eine Familie. Und das leben sie heute, jeden Tag, obwohl sie aus einer anderen Welt zu kommen scheinen. Einer fast versunkenen Welt, einer Welt der lebenslangen Familien. Diese Welt gibt es noch, aber sie geht gerade unter; und die Frage ist, was an ihre Stelle tritt.

Man kann die alte Welt noch beobachten, wenn man zum Beispiel in den Westen fährt, in die Kernlande der Bundesrepublik, in die Gegend um Köln und die alte Hauptstadt Bonn, wo so viele Deutsche auf engstem Raum leben – und wo Claudia Jacobs 1964 geboren wurde. Dort tragen gerade die Frauen, die Mitte 70 sind, ihre 80-jährigen Männer zu Grabe. So war damals der Altersunterschied in den Beziehungen, und diese Ehen trugen 40, 50 Jahre lang. Glück war nicht immer ein Kriterium.

An den Wochenenden waren die Seiten der Lokalzeitungen voll mit den Bildern streng bis selig dreinblickender Goldhochzeitspaare. Silberne Hochzeit, 25 Jahre, das war doch noch gar nichts. Nicht in den Kleinstädten und nicht auf dem Land. Aber auch dort hat sich längst etwas, wenn nicht alles, geändert.

Wenn man über die alten Friedhöfe im Westen geht und die großen Steine der Familiengräber sieht, dann liest man oft nur: „Eheleute Peter Müller". So, als ob es außer dem Mann Peter niemand anderes in dieser Ehe gegeben hätte, keine Frau mit eigenem Namen, eigenem Leben.

Das ist nun wirklich vorbei, eine vergangene Zeit; jeder wird heute auf dem Stein verewigt, nicht nur der Mann. Die Steinmetze wird das freuen, denn sie verdienen umso mehr, je mehr Namen sie in den Granit meißeln. Aber auch das wird nicht so bleiben, denn dort, wo es keine Familien mehr gibt, wird es auch keine Familiengräber mehr geben. Und der Steinmetz wird am Ende wieder nur „Peter Müller" in den Findling hauen, weil der Mensch Müller schon zu Lebzeiten allein geblieben ist.

Mehr als 40 Prozent aller Deutschen, also fast schon die Hälfte, leben mittlerweile für sich, für sich allein, in einem Ein-Personen-Haushalt, wie die Statistiker das nennen. Und diejenigen, die zumindest zu zweit wohnen, müssen immer noch keine Familie sein, oder sich so empfinden.

Man hat sich daran gewöhnt, aber eigentlich ist es erstaunlich, dass in einem Land, in dem 1964 so viele Kinder geboren wurden, seit Langem nur noch so wenige Leute Eltern werden. Denn die Menschen, die in den vergangenen beiden Jahrzehnten für diese Entwicklung verantwortlich waren, stammen ja aus der Zeit, in der Familie und Kinder noch etwas Selbstverständliches waren. Es sind die 64er und ihre Generation, die sich der Lebensform ihrer Eltern genauso verweigerten, wie es die 68er zuvor taten. Sie rebellierten nicht gegen die Kleinfamilie, sie gründeten einfach keine. Und wenn sie doch noch Kinder bekamen, dann sehr, sehr spät. Nach einem langen Studium und vielen euphorischen Jahren im Beruf. Nachdem sie morgens auf dem Weg zur Arbeit einen Moment zu lange an der Ampel gestanden und sich gefragt hatten, ob es nicht doch noch mehr gibt in diesem Leben als Brückentage am Gardasee.

Wobei, so komisch es sich anhört, das auch eine Folge davon ist, dass in den 60er Jahren so viele Kinder geboren wurden – so viele Kinder, die dann später auch studieren durften und vor allem konnten. Den Frauen aus dem Jahrgang 1964, die eine akademische Ausbildung hatten, einen guten Studienabschluss, blieb ja kaum etwas anderes übrig, als auf Kinder zu verzichten. Wer sollte sie denn betreuen? Da war die Bundesrepublik ja immer schon weit hinten, in den 80er-Jahren, in den 90er-Jahren und heute noch.

Die Eltern der 64er, die ihren Kindern alle Chancen fürs Leben versprachen, haben nicht im Traum daran gedacht, das Land so zu gestalten, dass ihre Kinder – vor allem ihre Töchter – Nachwuchs und Beruf vereinbaren können. Und diese Eltern haben sich dann gewundert, dass sie keine Enkel bekommen („Wir haben damals auch nicht gefragt, ob uns die Kinder gerade jetzt passen, verstehst du?"). Wer einmal bei der Einschulung eines Einzelkindes dabei war, das von sechs Erwachsenen, Vater und Mutter, zweimal Opa und Oma, begleitet wird, der weiß, wie Deutschlands Demografie im wahren Leben aussieht. Und was die Kinder der 64er zu schultern haben, später. Jetzt ist es ja noch schön, als einziges Kind zu Weihnachten mit Geschenken überschüttet zu werden, auch wenn die Eltern die Hälfte davon hinterher originalverpackt bei Ebay einstellen.

Kinder gehören nicht mehr ganz selbstverständlich zum Leben dazu, das war bei Konrad Adenauer noch anders. Der Mann, den die Meisten nur als greisen Kanzler kennen, als den alten Indianer der deutschen Politik, dieser Mann hatte acht Kinder. Das vergisst man leicht. „Da jitt et nix zo kriesche." Da gibt es nichts zu weinen, das soll er zu seiner Tochter Libet an dem Tag gesagt haben, an dem er mit 91 Jahren starb. So ging das Leben weiter. Mit Kindern, Enkeln und Urenkeln. Mit Gelungenen und Missratenen.

Doch ausgerechnet Adenauers Nachfolger Ludwig Erhard, der auch im Jahr 1964 regierte, hatte nur noch ein Kind, eine Tochter. Am Geburtenrekord hatte Erhard also einen eher geringen Anteil, seine Familie aber hat eine Ahnung davon vermittelt, wie die Familie der Zukunft aussehen würde. Die deutsche Durchschnittsfamilie unserer Zeit mit 1,3 bis 1,4 Kindern. Im Durchschnitt, wie gesagt.

Überhaupt lässt sich an den Familien der Kanzler und der Kanzlerin einiges ablesen, wenn man das möchte. Helmut und Hannelore Kohl, das öffentliche Paar, das die 64er so lange begleitete, war mit den Söhnen Peter und Walter sehr typisch für eine 60er-Jahre-Familie. In dieser Zeit hatte man ja eigentlich den Eindruck, dass alle Eheleute zwei Kinder haben. Und dass Familie heißt: Der Vater geht arbeiten, die Mutter bleibt zu Hause, und die Kinder sollen es einmal besser haben.

Diese Ehe der Kohls war wohl auch die letzte Kanzlerehe, in der versucht wurde, eine heile Familie zu demonstrieren, auch, wenn sie nicht mehr heil war. Dann kam Gerhard Schröder, der immer wieder Ehe und Familie versuchte, mehr oder weniger erfolgreich, bei dem das aber niemanden störte, weil mittlerweile alle in die gleichen Liebes- und Ehekämpfe verstrickt waren, Wähler und Gewählte. Die Bundesrepublik war unter seiner Kanzlerschaft endgültig zu einem Land geworden, in dem man beim Wort Patchwork nicht mehr an Handarbeitsunterricht, sondern an Scheidungskinder, an zusammengewürfelte Familien dachte. Und jeder gab sein Bestes. Wenn es wieder nicht funktionierte, dann heiratete man halt noch einmal.

Angela Merkel, die die 64er jetzt auch schon eine ganze Weile begleitet, muss die Leistung, die sie bringt, nicht auch noch mit einem komplizierten Familienleben vereinbaren. Sicher, sie macht Urlaub mit der Familie ihres Mannes Joachim Sauer, wie Paparazzi-Fotos dann und wann belegen. Aber sie teilt die Erfahrung vieler 64er, die sich ganz auf ihre Arbeit konzentrieren können, weil sie keine eigenen Kinder haben. Die Gründe dafür, so zu leben, sind natürlich sehr unterschiedlich und vor allem sehr persönlich. Aber es ist ein Lebensmodell, das viele kennen.

Wenn die Werbewirtschaft sich ein Familienmodell für die 64er aussucht, dann ist es noch ein eher konservatives Vater-Mutter-Kind-Bild, doch auch in diesem Bild gibt es oft nur ein Kind. Was in China die Partei propagieren und mit Gewalt durchsetzen musste, funktioniert in Deutschland ganz von alleine: Viele Eltern haben nicht mehr als ein Kind.

Für Markus Töns, der im Januar 1964 geboren wurde, ist das immer noch eine erstaunliche Sache. Töns ist Politiker, ein freundlicher Landtagsabgeordneter der SPD in Nordrhein-Westfalen. Man muss ihn nicht lange fragen, was damals anders war in den Familien, damals, als er in Gelsenkirchen aufwuchs, wo er noch wohnt, und wo er immer noch ins Stadion geht, wenn Schalke spielt. „Es war doch schon sehr ungewöhnlich, wenn Paare nur ein Kind hatten, in den 60ern", sagt Töns.

Töns ist, wenn man das so ausdrücken kann, einer der Ersten der Meisten. Er kam am frühen Morgen des 1. Januar 1964 um 4.45 Uhr auf die Welt. Er war das erste Kind dieses Jahres in Gelsenkirchen. Seine Eltern mussten noch nicht einmal eine Geburtsanzeige aufgeben, um den Nachbarn und Freunden mitzuteilen, dass ihre Familie größer geworden war. Denn die Lokalzeitung hatte schon einen Artikel über das neue Kind in der Stadt gedruckt. Wenn die Redaktionen das so weitergemacht hätten, jedes Kind gefeiert hätten, dann hätten sie 1964 noch einiges zu tun gehabt. Heute dagegen könnten sie es langsam angehen lassen. Denn auch in Gelsenkirchen werden längst nicht mehr so viele Kinder geboren wie einst.

Von einem Politiker wie Töns darf man erwarten, dass er sich darüber Gedanken macht, was für Familien in der Gegenwart und auch in der Zukunft wichtig ist. Nur sind das leider grundverschiedene Dinge.

Heute haben die Leute in Gelsenkirchen immerhin noch so viele Kinder, dass es zu wenige Kindergartenplätze für sie gibt. Aber das wird nicht ewig so bleiben, denn die Generation derer, die heute Kinder sind, werden später noch weniger Kinder haben, weil sie selber schon wenige sind. „Wir in

Gelsenkirchen sind den demografischen Trends meistens zehn Jahre voraus, aber auch wir müssen jetzt noch, um die Kindergartenplätze zu garantieren, mehr Kindergärten bauen", sagt Töns. Und doch ist es ein großer Unterschied, ob man in den 60er-Jahren Kindergärten baute oder heute. Damals dachte man noch, sie würden ewig genutzt. Heute weiß der Politiker Töns: „Man muss schon so bauen, dass man in zehn Jahren mit den Gebäuden etwas anderes anstellen kann, wenn man die Kindergartenplätze vielleicht gar nicht mehr braucht." Traurig, aber sehr deutsch und sehr wahr.

Und wenn das wirklich alles so kommt, dann wird es auch nicht mehr viele Menschen geben, die Familie so unmittelbar erleben, wie das Markus Töns erlebt hat, den Übergang der Generationen.

Als der Vater von Markus Töns 1997 im Sterben lag, er hatte Krebs, da brachte Töns an einem frühen Morgen seine damalige Frau mit ersten Wehen ins Krankenhaus, in dasselbe Krankenhaus, in dem auch sein Vater lag. Er fuhr dann ins Büro und wurde irgendwann später am Tag angerufen. Man sagte ihm, dass sein Vater gestorben sei. „Dieser ganze Tag war wie in Watte gepackt, ein Tag zwischen Trauer um meinen Vater und der Vorbereitung seiner Beerdigung und der

Tatsache, dass mein Sohn am nächsten Morgen geboren werden sollte." Töns ist dann zurück ins Krankenhaus gefahren, hat die Nacht bei seiner Frau verbracht, die Wehen erlebt und die Geburt seines Kindes.

„Es war schon irgendwie eigentümlich, diese Erfahrung. Vieles, was man denkt, was einem wichtig ist, das sieht man plötzlich anders", sagt der Mann aus Gelsenkirchen. Aber er war überhaupt schon ein anderer Mann geworden, als sein Vater und dessen Zeitgenossen es waren. Auch das sagt einiges über die Wandlung der Familien in Deutschland aus. Es gab nun mehr Familien, in denen die Väter nicht mehr abwesend waren.

Denn der Tag, an dem Töns seine Frau mit Wehen ins Krankenhaus brachte, war aus manchem Grund ein besonderer. Es war der 7. Mai 1997, Schalke 04 stand im Finale des Uefa-Cups, und Töns hatte selbstverständlich eine Karte für diesen großen Fußballabend. Er hatte sich immer geschworen, dass er dabei sein wollte, wenn Schalke in einem internationalen Endspiel stehen würde. Jetzt war es so weit. Und seine Frau lag mit Wehen in der Klinik.

Schalke hat gewonnen, und Töns ist nicht ins Stadion gefahren. Er wollte nicht zu den Männern gehören, die wegen eines Fußballspiels nicht bei ihrer gebärenden Frau waren. Zu den Männern, die dann vom Stadionsprecher auf Schalke ausgerufen wurden mit einem Glückwunsch, weil sie gerade Vater geworden waren. Das wollte Töns nicht erleben, und er hat es nie bereut.

Wahrscheinlich gibt das Verhalten von Markus Töns schon einen Hinweis auf das, was sich wirklich verändert hat. Claudia Jacobs, die Autorin des „Kleinen Eheberaters", vermutet, dass die Familien heute mehr Zeit miteinander verbringen, mehr voneinander wissen als zu der Zeit, als sie ein Kind war. „Ich habe, glaube ich, mit vier Jahren meine erste Zigarette geraucht, zumindest habe ich mal daran gepafft", sagt Claudia Jacobs. So ist das, wenn die Jungen und Mädchen nachmittags auf sich selbst aufpassen, weil die Eltern nicht im Traum daran gedacht haben, die Kinder den ganzen Tag zu kontrollieren und um sich zu scharen. Damals, als die Eltern noch loslassen konnten. Da war es nicht weiter schlimm, dass die Kinder nachmittags weg waren, in ihren Banden, Cliquen und Freundschaften: Irgendwann würden sie heimkommen, wenn es dunkel wird. Aber bis dahin waren sie sich selbst überlassen.

So war das Familienleben damals, die Kinder machten viel mehr alleine, man traute ihnen etwas zu, kümmerte sich aber auch weniger. „Und das ist schon ein Unterschied zu heute", sagt Claudia Jacobs. „Heute gibt es viel weniger Ehepaare mit Kindern als damals, aber heute fragen die wenigen Eltern ihre Kinder via Handy dauernd, ob sie ja auch ihren Schal tragen oder die Sonnencreme dabeihaben." Man könnte es noch drastischer sagen: Während die 64er-Eltern immer gerne die unbändig freie Zeit ihrer Jugend beschwören, so als ob das ganze Leben ein Song von Kid Rock war, markieren sie ihre eigenen Kinder am liebsten wie Robben mit Peilsendern. Nur dass die Peilsender der Menschen Smartphones heißen.

Vielleicht hängt das aber auch damit zusammen, dass da draußen nicht mehr allzu viele Robben im kalten Meer schwimmen, dass an einem normalen Nachmittag in Deutschland nicht mehr dreißig Kinder auf der Wiese hinterm Haus bolzen, sondern Maximilian Alexander und Isabelle Sophie es noch soeben zur Klavierstunde schaffen, bevor die Nachhilfe beginnt. Weil ihre Eltern, die noch den ganzen Tag streunen durften, das für sie so durchgeplant haben. Damit auch ihre Kinder es einmal besser haben. Noch besser.

Und deshalb sind die 64er in manchem doch genau so, wie ihre Eltern waren. So, wie viele von ihnen nie sein wollten. Andererseits auch so, wie die Meisten es mittlerweile ganz in Ordnung finden. Auch wenn sie es nicht zugeben würden. Die

Leute der Werbeagentur Jung von Matt haben ja, wie schon erwähnt, in ihrer Zentrale dieses Wohnzimmer eingerichtet, das dem Wohnzimmer der typischen deutschen Familie entsprechen soll. Sie haben sich natürlich auch gefragt, was Thomas, der Mann aus dem Jahrgang 1964, und seine Frau in ihrer Wohnung so machen. Und sie stellten fest, dass Thomas und seine Frau ihrem Sohn Jan wahrscheinlich oft sagen: „Setz dich gerade hin, rede nicht mit vollem Mund. Nein, du darfst jetzt noch nicht aufstehen." Denn eine überwältigende Mehrheit der deutschen Väter und Mütter findet Tischmanieren deutlich wichtiger als, sagen wir, Fremdsprachenkenntnisse. Und eine überwältigende Mehrheit der deutschen Kinder nimmt das murrend hin.

Vielleicht weil sie wissen, dass ihre Eltern genauso spießig geworden sind, wie ihre Großeltern es waren. Da hilft auch kein Tattoo und erst recht keine G-Star-Jeans mit knapp 50, ganz bestimmt nicht.

Vielleicht aber sehen die Kinder den Eltern diese verzweifelten Erziehungsversuche auch deshalb nach, weil es Schlimmeres gibt: Ihre 64er-Eltern haben sie immerhin nicht Kevin oder Chantal genannt. Sie haben mit ihnen keine Geburtstage bei McDonald's gefeiert.

Und neulich haben die Kinder heimlich mitgehört, wie ihr Vater zu ihrer Mutter sagte, dass die Scheidungsrate in Deutschland seit zehn Jahren kaum noch angestiegen sei. Und dass sie dazu auch ein bisschen beigetragen haben.

Dann haben die Eltern laut gelacht. Weil zuweilen ja doch was klappt.

Uhu

Der durchsichtige Klebstoff aus der gelben Tube hält Deutschland schon seit Jahrzehnten zusammen und verklebt Grundschülern immer noch die Hände. Die 64er aber hatten bei ihrer Einschulung schon eine Alternative. Sie waren die erste „Generation Prittstift". Der rot-weiße Klebestift kam 1969 auf den Markt und war irgendwie eine sehr moderne Sache, so wie die ganzen 70er-Jahre. Die Idee hatten sich die Erfinder von einem Lippenstift abgeschaut.

Volkszählung

Was haben sie protestiert und gewarnt. So viele Gegner der Volkszählung des Jahres 1987 haben sich dagegen gewehrt, dass der Staat wissen wollte, wie viele die Deutschen eigentlich sind, und wie sie leben. Heute klingt das Ganze wie eine Schlacht aus dem Mittelalter, heute, da dank Facebook jeder alles von jedem weiß. Und wenn nicht, weiß es zumindest die NSA.

Wlan

Während man früher bei Zwischenstopps auf Flughäfen nach einer Bank zum Schlafen gesucht hat, sucht man heute nach einer Wlan-Verbindung, mit der man all die Dinge tun kann, die einen nicht schlafen lassen. Und in einem Café fühlt man sich heute vom Kellner belästigt, wenn er fragt, was man trinken möchte – genau in dem Moment, in dem die Wlan-Verbindung endlich stabil ist.

Marion Ebeling

* 1. November 1964

Hebamme

Sie schlug vor, sich auf einem Restaurantschiff zu treffen, das am Kanalufer in Berlin-Kreuzberg ankert. Ein schöner Ort, und sinnig dazu. Blickt man doch vom Schiff aus auf das große Urban-Krankenhaus am Ufer. Hinter dessen Wänden kommen Menschen auf die Welt, sterben Menschen. Dort werden Familien gegründet, dort wird Abschied genommen. Marion Ebeling, eine Hebamme aus dem Jahrgang 1964, weiß, dass alles längst nicht mehr so selbstverständlich ist wie in jener Zeit, als eigentlich fast alle Kinder bekamen. Aber sie weiß auch, dass früher nicht alles besser war. Dafür arbeitet sie schon zu lange im Kreißsaal.

Frau Ebeling, haben Sie von älteren Hebammen, von Kolleginnen, gehört, wie es damals war in den deutschen Kreißsälen, Mitte der 60er-Jahre, als Sie zur Welt kamen?
Da gab es keine Väter im Kreißsaal, da war alles gefliest, die Kinder wurden den Müttern nach der Geburt erst mal weggenommen, und als sie die Kinder wiederbekamen, da rochen sie nach Penaten-Creme, nicht mehr nach Baby. Eigentlich wusste damals keiner mehr, wie ein frisch geborenes Baby eigentlich riecht.

Wie riechen denn Babys?

Nach Blut, nach Fruchtwasser, nach Geburt. Sie riechen lecker, ich mag den Geruch unglaublich gern.

Wann kamen die Väter in die Kreißsäle?

Ich habe Mitte der 80er-Jahre die Ausbildung zur Hebamme gemacht, und da fing das an, dass die Männer dabei waren. Es ging dann sehr schnell, dass es zur Regel wurde, aber es war immer noch ein großes Diskussionsthema. Heute wachsen die ersten Generationen heran, die ganz selbstverständlich ihre Väter fragen können: Wie war das denn bei meiner Geburt? Da hat sich viel verändert, das gab es vorher nicht. Kinder können ihre Väter heute auch fragen: Hast du mich gewickelt? Und die Antwort wird eine andere sein als in den 60ern.

Was war in den 60er-Jahren noch anders?

Es gab kaum programmierte Geburten, da hat man nicht irgendwelche Zeitpläne gemacht. Ganz anders als heute, wo jedes dritte Kind per Kaiserschnitt auf die Welt kommt. Aber auch damals änderte sich schon etwas deutlich: Mitte der 60er-Jahre stillten immer weniger Frauen ihre Babys. Es war der Beginn von Alete und Milupa.

Bei so vielen Kindern, die damals auf die Welt kamen, müssen die Geburten doch wie am Fließband abgelaufen sein.

Vielleicht war damals wirklich alles etwas fabrikmäßiger – aber trotzdem normaler.

Warum?

Weil Frauen heute nicht mehr so viele Kinder auf die Welt bringen, und natürlich wird das Ganze normaler, wenn man das zweite, das dritte Kind gebärt. Aber das erleben heute nicht mehr viele Frauen.

Waren Geburten also wirklich normaler?

Es gab zumindest bei den vielen Kindern nicht den Anspruch an die Frauen, jede Geburt als eine spirituelle Bewusstseinserweiterung erfahren zu müssen. Die Frauen mussten sich vielleicht nicht immer überlegen, ob sie das jetzt ganz toll machen mit der Geburt. Das hat möglicherweise auch etwas damit zu tun, dass sie heute meistens mit ihren Männern im Kreißsaal sind.

Haben Sie eigentlich heute nur noch mit Frauen zu tun, für die das erste Kind auch das letzte ist?

Nein, ich betreue hier in Berlin auch Frauen mit drei, vier Kindern. Da sagt man ja heute: Das sind schon viele. Meine Kollegin in den 60er-Jahren hätte wahrscheinlich nur gesagt, das ist ganz ordentlich. Das ist der Unterschied.

Und was ist der größte Unterschied zwischen einer Geburt im Jahr 1964 und heute?

Auf jeden Fall ist eine Geburt heute für Mutter und Kind deutlich weniger lebensgefährlich. Das Risiko, bei der Geburt zu sterben, ist unglaublich gesunken.

Woran liegt das?

Auch daran, dass Frauen heute gesünder sind, dass ihre Gesamtkonstitution besser ist. Und es hat natürlich etwas mit den medizinischen Möglichkeiten zu tun, die wir heute haben. Aber nicht nur. Wobei man sagen muss, dass die Müttersterblichkeitsrate seit Jahren stagniert, bzw. wieder leicht ansteigt durch die erhöhte Kaiserschnittrate. Es ist ein sehr heikles Thema. Und natürlich werden auch einige kranke Kinder nicht mehr ausgetragen, die 1964 noch geboren worden wären, das verändert die Statistik der Mutter-Kind-Sterblichkeit natürlich auch.

Und dann wurde plötzlich die ganze Statistik verändert, weil die Pille kam.

Ja, die Frauen, die ihre Kinder nach 1964 bekamen, die bekamen Kinder, die geplant waren, zumindest geplant sein konnten. Als ich Teenager war, das gab es doch nicht die Frage, ob man die Pille nehmen kann und darf, sonder nur ab wann. Aber: Über dieses Thema hatten unsere Mütter ja noch keine Vorbildfunktion von ihren Müttern abgucken können. Heute muss man den Frauen wahrscheinlich dabei helfen, sich an das zu erinnern, was bei den Frauen 1964 selbstverständlich war, und heute nicht mehr selbstverständlich ist. Das müssen wir als Hebammen vermitteln.

Konrad Adenauer hat doch gesagt: Kinder kriegen die Leute immer. Was muss man denn da vermitteln?

Adenauer hätte das bestimmt nicht gesagt, wenn er den demografischen Wandel von 2013 geahnt oder gekannt hätte.

Und was muss man nun heute vermitteln?

Ganz einfach Sachen, die die Leute weniger kennen: Was braucht ein Baby, wie geht man mit ihm um, was heißt es, eine Familie zu werden? Und ganz praktische Sachen: Wie stillt man? Wenn man lange Zeit kaum noch Frauen sah, die stillten, konnte man sich das auch nirgendwo abgucken, so einfach ist das. Oder so schwierig. Und dann: Wie halte ich ein Baby? Früher haben die Kinder das ja schon bei ihren Geschwistern gelernt.

Andererseits sollte man meinen, dass die Leute bei all den medizinisch verbesserten Bedingungen heute weniger Angst haben vorm Kinderkriegen.

Das ist aber nicht so.

Warum nicht?

Die Angst zu sterben bei der Geburt, ist nicht mehr so groß. Aber der Druck, es perfekt zu machen, wird größer, je weniger

Kinder es gibt. Heute reicht es als Mutter nicht, die Sache gut zu machen, sie müssen sehr gut sein.

Macht dieser Perfektionismus die Deutschen unfruchtbar?
Zumindest nicht fruchtbarer. Aber als Verhütungsmittel funktioniert Perfektionismus auch nicht.

Kommen deshalb heute auch so viele Kinder per Kaiserschnitt zur Welt, weil alles perfekt sein soll?
Ich weiß zumindest nicht, wie die Generation meiner Tochter bei dieser Entwicklung begreifen soll, dass man Kinder auch ganz normal gebären kann. Wenn es schon bei Barbie-Puppen eine Klappe gibt, um die Babys aus dem Bauch zu holen. Seltsamerweise traut man heute den Frauen und Kindern gar nicht mehr zu, die Mühen einer normalen Geburt auf sich zu nehmen. Dabei kann es durchaus seinen Sinn haben, wenn Babys schon bei der Geburt erfahren, dass es möglich ist, Widerstände zu überwinden, sich durchzusetzen.

Wenn man als Hebamme aus Deutschlands stärkstem Jahrgang kommt, bedauert man das besonders, dass es heute nur noch so wenige Kinder gibt?
Als Hebamme spielt es für mich nicht so eine Rolle, aber als Mensch, das ja. Ich merke zum Beispiel heute, dass die gesellschaftlichen Anforderungen an Kinder unheimlich hoch sind.

Was heißt das?

Es geht heute doch nicht mehr darum, dass Kinder im Kindergarten spielen, sondern dass sie gefördert werden, dass sie besonders gut gefördert werden. Kinder sind so etwas wie eine Ware geworden. Die kommt dann aus Deutschland und ist exklusiv: Wir haben wenige Kinder, aber besonders gut sollen sie sein.

Und deshalb stehen die Kinder heute auch dauernd unter Beobachtung.

Ja, sehen Sie, ich bin in der Großstadt groß geworden, in Frankfurt, da war es damals auch nicht so, dass es hieß: ‚Geh mal einfach raus zum Spielen', das war damals schon zu gefährlich. Aber heute sagt man das ja nicht einmal mehr zu den Kindern, die relativ sicher wohnen: ‚Geh mal raus zum Spielen'. Stattdessen heißt es: Du musst noch Geige üben, du musst zu dem Kurs und zu dem Kurs, und dann haben wir eine Therapiestunde, und dann müssen Hausaufgaben gemacht werden. So läuft das doch.

Dabei sind wir doch so aufgewachsen, dass wir den ganzen Nachmittag spielen konnten, wieso können wir diese Erfahrung nicht weitergeben, diese Selbstverständlichkeit. Warum sind wir so ängstlich, wenn es um unsere Kinder geht?

Na, ja, wenn wir schon so wenige Kinder bekommen, dann müssen sie uns auch gelingen und dürfen nicht mehr gefährdet werden. Wir schauen bei den ein oder zwei Kindern, die wir bekommen, ja auch immer so verspannt darauf, wem das Kind denn nun ähnlich sieht, was wir von uns in ihm sehen. Aber ich habe neulich zum Beispiel auf einem Schulfest eine Familie mit ihren fünf Kindern gesehen, und die Kinder sahen alle so unterschiedlich aus. Und so, wie sie unterschiedlich aussehen, so sind sie auch, wie sie sind.

Was heißt das für ihr Leben?

Dass Kinder nicht nur ein Produkt von uns sind, auf das wir sorgsamst achten sollten, sondern dass sie auch sie selber sind und dass wir ihnen etwas zutrauen können. Damit es ihnen nicht so geht wie diesen ständig bewässerten Pflanzen in der Wüste, die nicht einen Tag ohne die Pflege von außen überleben können.

Das war nicht immer so, dass man darauf achten musste?

Nein, das war früher auch selbstverständlicher, dass man den Kindern etwas zutraute. Das ist vielleicht der Unterschied in der Kindererziehung gestern und heute, dass man davon ausging, dass Kinder sich auch allein durchsetzen können.

Mitten in der Mitte
50 werden und 50 sein

Mitten in der Mitte

Manchmal wäre man gerne ein Auto. Am liebsten ein alter Porsche 911. Nicht nur, weil der immer noch so schnell und stark ist, wie man sich längst nicht mehr fühlt, in diesem Alter. Auch deshalb, weil man nicht besser 50 werden kann als so ein Auto.

Der Elfer wurde 1963 vorgestellt und kam 1964 auf den Markt, die ersten Exemplare sind nun fünf Jahrzehnte alt; und bei diesen Sportwagen ist es so, wie es sich viele Menschen über 40 für ihr Leben wünschen: die ältesten Jahrgänge, die ältesten Modelle sind teuer und wertvoll, sie sind die wildesten und schönsten noch. Sie sind wahre Schätze, sehr begehrt trotz, oder wegen all der Jahre.

Sie haben zwar, wie so viele Menschen in diesem Alter, kleine Kratzer und Blessuren, sie sind ein bisschen verschlissen hier und da, und sie brauchen ein wenig länger, bis sie anspringen. Aber sie sind nicht dick geworden, und man dreht sich immer noch nach ihnen um, wenn man sie auf der Straße sieht. Sie können die grellsten Farben gelassen tragen, Orange, Gelb und Grün, sie werden gepflegt und geliebt, geputzt und poliert. Gerade weil sie 50 sind. Und jedes Jahr steigt ihr Wert noch weiter. So kann man alt werden. Als Porsche. Aber was macht man als Mensch mit 50? Schwierig.

Was macht man als Mann oder Frau, wenn man die üblichen Peinlichkeiten nicht will, nicht die große Harley-Davidson-Tour durch die letzten Reservate Nordhessens, nicht den Trommel-Workshop mit dem Diplom-Schamanen aus Worpswede? Das kann man auch noch mit 70 machen, wenn es sein muss; wahrscheinlich gibt es bis dahin auch Harleys mit Stützrädern. Jetzt einen neuen Porsche kaufen? Na ja, die fahren ohnehin nur alte Männer, wirklich alte Männer. Und die jungen Freundinnen neben ihnen machen es nicht besser. Was also dann? Die Sache ganz ausfallen lassen? Das ist auch keine Lösung, es sei denn, man heißt Harald Schmidt und wird 50. Der wollte auch nicht feiern, musste er aber auch nicht, weil die ARD eine große Gala zu seinen Ehren gab, zu der er dann auch nicht kam. Immerhin hatte die Sendung einen selten schönen Titel: „Harald Schmidt wird 50, will aber nicht feiern."

Aber von Harald Schmidt muss man sich die Sache ja auch nicht verderben lassen. Vielleicht feiert man am besten einfach eine gute Party. So wie früher. Mit Tanzen? Wirklich? John Travolta macht das ja auch manchmal noch. Nein, nicht mehr im weißen Anzug. Bei ihm ist es ja ein bisschen so wie

bei der Entwicklung des 911ers in den vergangenen 50 Jahren. Der erste Elfer und das neueste Modell verhalten sich in
etwa so zueinander wie der John Travolta der 70er-Jahre und
der Travolta von heute. Travolta sieht immer noch nach Travolta aus, auch wenn er doppelt so schwer, viel runder und
glatter geworden ist. Aber er ist noch ein Typ, und das kann
man nicht von allen sagen, die damals gut waren.

Tanzen also. Das ist sicher besser als reden. Und noch
besser als lange Reden halten zum 50. Aber worauf denn
tanzen? Zu Deep Purple lässt sich prima peinlich Luftgitarre
spielen, aber tanzen? Eher nicht. Für „Satisfaction" gilt das
Gleiche. Außerdem kann man es eigentlich nicht mehr hören,
vielleicht mal wieder zum 80. von Mick Jagger. Vielleicht.

Was wäre denn besser? Hans Nieswandt, einer der besten
deutschen DJs, hat da ein paar Tipps. Er hat schon vor ein paar
Jahren in der *Zeit* geschrieben, dass er immer häufiger gebe-
ten wird, seine Musik zu einem 50. Geburtstag aufzulegen.

Kurz vor den 50. Geburtstagen von Madonna, Michael
Jackson und Prince hat Nieswandt noch klar auf Jackson
gesetzt, wenn er jeden auf der Tanzfläche haben wollte. Dann
legte er „Billie Jean" auf. „Mit der hyperprägnanten Basslinie
kriegt man sie immer noch alle: den gemütlich gewordenen

Volvo-Fahrer und den drahtig gebliebenen Mountainbiker, den freischaffenden Regisseur wie den gut bestallten Verlagslektor, die Galeristin mit linker Vergangenheit wie die späte Adeptin fernöstlicher Körperbeherrschungstechniken."

Madonna und Prince waren gut, aber Jackson war der große Vereiniger. Damals schrieb Nieswandt in der *Zeit*: „Bei Heikes Geburtstag wurde das sehr anschaulich, als ich Madonna auflegte: Zu deren vorletztem Hit ‚Hung Up', den ich speziell für die Teenager spielte. stürzten sich stattdessen die Mütter auf den Dancefloor. Bei Prince kamen die Väter. Erst bei Michael Jackson waren dann alle wieder vereinigt."

Hans Nieswandt ist übrigens auch Jahrgang 1964. Er hat noch den Punk erlebt und Jahrzehnte voller Techno. Wenn man heute mit ihm spricht, dann sagt er, dass seine Auftritte bei 50. Geburtstagen eher noch häufiger geworden sind. Kein Wunder, da sind ja immer mehr, die ein großes Fest feiern wollen oder müssen, die ein wenig Bilanz ziehen und den Soundtrack ihres Lebens hören wollen. Noch einmal für eine Nacht.

„Beim Tanzen erinnern sie sich vielleicht an ihren ersten New-York-Besuch 1989, als es dort noch gefährlich zuging. Oder an den Ibiza-Urlaub 1985 mit dem ersten und einzigen Ecstasy-Erlebnis ihres Lebens. Selbstvergessen tanzen sie zur Musik ihrer Jugend." So erlebte das der DJ, und so schrieb er es auf.

Was für ein Glück das auch ist, so zu feiern. Und wie anders das einmal war. Zum Beispiel im Geburtsjahr von Deutschlands stärkstem Jahrgang. Wer im Jahr 1964 seinen 50. Geburtstag feierte, der hatte vor allem überlebt. Und das allein war schon beachtlich.

Denn wer damals 50 wurde, war 1914 auf die Welt gekommen, war in eine Welt geschleudert worden, die katastrophale Jahrzehnte erleben würde, zwei große Kriege, Elend und Zerstörung. Und Hunger. Was für eine Belohnung muss es da gewesen sein, den 50. Geburtstag zu feiern, in einem Land, in dem plötzlich wieder so viele Kinder geboren wurden. In dem schon fast zwanzig Jahre wieder Frieden war.

So ein 50. Geburtstag im Jahr 1964 muss ein Fest des Lebens an sich gewesen sein. Aber nicht alle der alten Freunde waren noch dabei. Und manche, die bei diesen Geburtstagsfeiern in den kleinen Wirtshäusern tanzten, hatten nur noch einen Arm oder ein Bein. Sie hörten „Liebeskummer lohnt sich nicht" und hatten doch schon viel Schlimmeres erlebt. Sie hatten ihre Jugend irgendwo in Russland oder Frankreich verloren. Sie fanden auch keine zweite auf dem Jakobsweg, so wie das heute manchen möglich ist. Damals waren sie froh, wenn sie die Rente erlebten. Gemeinsam mit der Frau, die sie einst verlassen hatten, um in einen sinnlosen Krieg zu ziehen.

Und wie alt die Menschen damals schon waren, wenn sie 50 wurden, unvorstellbar heute. In dem Film „Der geteilte Himmel", der 1964 in die Kinos kam, gibt es einen Meister, der mit seinen jüngeren Kollegen in einem Waggon-Werk arbeitet. Er ist ein alter, abgearbeiteter Mann; und wenn man den Film heute noch einmal ansieht, dann wundert man sich, dass so alte Menschen damals noch in der Fabrik arbeiten mussten. Irgendwann aber fragt die junge Rita den Meister, wie alt er denn nun sei. Da antwortet der Meister, er gehe auf die 50 zu. Unfassbar diese Antwort. Wer heute Ende 40 ist, sieht oft noch wie Mitte 30 aus, und wer sich nicht so fühlt, sollte sich die Szene im „Geteilten Himmel" mal wieder ansehen. Danach wird keiner mehr jammern, wird sich jeder unglaublich jung fühlen. Auch mit 50, auch wenn das Knie beim Joggen ein bisschen schmerzt, auch wenn man öfters eine neue Lesebrille braucht, und die Ärzte, zu denen man geht, die eigenen Kinder sein könnten („Für Ihr Alter sind Sie ja noch ganz gut in Schuss …).

Und dann hört man morgens im Radio vielleicht noch einmal dieses kleine Lied aus dem Jahr 1982: „Ein bisschen

Frieden" von Nicole, die auch 1964 geboren wurde. Sicher, es ist die reinste Schlagerwelt, keine Philosophie, aber wer morgens im Bad schon denken kann, dem fällt jetzt vielleicht ein, was der Unterschied ist zwischen den Leuten, die 50 wurden im Jahr 1964, und all den vielen, die 50 werden im Jahr 2014. Damals haben die Menschen jahrelang nicht mal ein bisschen Frieden gehabt. Und die, die jetzt 50 werden, haben ja noch viel mehr als Frieden gehabt. Die meisten von ihnen hatten und haben ein wunderbares Leben in einem der reichsten Länder mitten in Europa, sie haben den Fall der Mauer erlebt, und so viele lange Sommer in der Sonne.

Aber ist das nicht gerade das Problem? Wer auf dem Weg zur Arbeit in einem Cabrio die Pet Shop Boys hört oder Jack Johnson, der kann schlecht loslassen, der sagt sich mit 50: vielleicht noch 30 Jahre, das ist in Ordnung. Aber 30 Sommer, das klingt endlich.

Und dann kommt Hans Nieswandt, der DJ, und bringt für einen Abend dieses ganze Leben wieder zusammen. Er sieht die Leute in der Mitte ihres Lebens auf der Tanzfläche, und er schaut genau hin. „Die 50-Jährigen von heute sind ja nicht so wie die 50-Jährigen damals, als wir zwanzig waren. Das waren ja fast schon Greise, die noch die letzten Kriegsjahre in den

Knochen hatten. Heute sind die Leute ganz anders, die sind auch nicht bei den Rolling Stones stehengeblieben."

Neulich hat Nieswandt zum 50. eines alten Freundes aufgelegt, den Mann kennt er seit dreißig Jahren. Früher waren sie in Wave-Clubs unterwegs. Deshalb hatte Nieswandt nachgeschaut, auf welche Musik sie in den frühen 80ern getanzt haben. Und dann hat er Tempo gemacht, mit einem Mix der B52s, „der war schon sehr schnell", und er hat noch etwas nachgelegt, er spielte „Verschwende deine Jugend" von DAF. „Das Stück ist rasant, und ich fand' das sehr lustig, wie die ganzen hochbetagten Leute bei dem Refrain ‚Schön und jung und stark' mitmachten." Immer wieder: „Schön und jung und stark, schön und jung und stark, du bist schön und jung und stark." Auch so kann ein 50. Geburtstag sein.

Aber Nieswandt hat natürlich auch andere Sachen dabei, für diejenigen, die dann doch nochmal gerne die Stones hören oder Fleetwood Mac. Da spielt er dann sogenannte Edits, alte Songs im neuen Sound. Und so bekommt man bei den 50. Geburtstagen die Jungen und die Alten. Die Jungen kennen den Sound, die Alten kennen die Songs. Manchmal dauert es aber lange, bis wirklich klar ist, was für ein Stück denn jetzt läuft. Nieswandt hat manchmal einen Edit von Toto dabei: „Africa". „Da braucht man ein paar Minuten, bis man kapiert, worauf man tanzt. Aber wenn sie es erkennen, rennen alle Frauen auf die Tanzfläche."

Vielleicht braucht man die paar Minuten aber auch, weil man um die 50 das hat, was Forscher das „mittelalte Gehirn" nennen. Aber das hört sich schlimmer an, als es ist. Das „mittelalte Gehirn" ist eigentlich sogar ein Glück, weil es sortiert und vor allem aussortiert. Es kann wunderbar Entscheidungen treffen, es ist das, was früher AEG war: aus Erfahrung gut.

Das „mittelalte Gehirn" kann auch Leben retten, so wie am 15. Januar 2009 in New York, genauer gesagt auf dem Hudson River.

Damals landete der Pilot Chesley B. Sullenberger, ein Mann in seinen 50ern, die Maschine des US-Airways-Flugs 1549 sicher auf dem Wasser. Alle Passagiere überlebten. Und Sullenberger war fortan der Beweis dafür, dass es mit 50 nicht bergab gehen muss, dass Erfahrung durch nichts zu ersetzen ist. Er selbst drückte es so aus: „Man kann es vielleicht so sehen, dass ich 42 Jahre lang regelmäßig kleine Einzahlungen bei der Bank der Erfahrung gemacht habe: Ausbildung und Training. Und am 15. Januar reichte das Guthaben aus, um einen sehr großen Betrag dort abzuheben."

Das ist umso interessanter, da längst bekannt ist, dass das Gehirn von erwachsenen Menschen pro Jahrzehnt um zwei bis drei Prozent kleiner wird. Der Rest aber kann offensichtlich besser denken, als man vermuten würde. Da gilt der Spruch, mit dem ein Institut für Weiterbildung gerne wirbt: „Früher war alles besser, bloß ich nicht."

Das ältere Gehirn wird also alltagstauglicher. Und auch die Stimmung hellt sich wieder auf. Der amerikanische Psychologe Arthur Stone hat herausgefunden, dass von Anfang 30 bis Mitte 40 die Stimmung eher sinkt. Wer aber auf die 50 zugeht, fühlt sich plötzlich wieder besser. Und kann auch wieder besser feiern, sogar wieder länger feiern. Das hat oft praktische Gründe. Die DJs, die bei 50. Geburtstagen auflegen, wissen, dass die Leute wieder länger bleiben, weil sie zu Hause nicht mehr den Babysitter ablösen müssen. Das war bei den 35. und 40. noch anders. Heute geht die Feier um Mitternacht in die zweite Runde. Und Hans Nieswandt hat dann als Belohnung immer noch ein paar Stücke, die wie eine Zeitreise funktionieren. Zum Beispiel ein sogenanntes Mashup von Michael Jacksons „Billie Jean" und Madonnas „Papa Don't Preach". Die perfekte Verbindung von Bässen und Streichern, von Energie und Melancholie. So eben, wie sich das um den 50. anfühlt.

Wenn Nieswandt selbst ein bisschen melancholisch werden wollte, würde er The Sweet ausgraben. Diese britischen Glamrocker haben ja in den 70ern viele fasziniert, besonders auch in Deutschland. Nieswandt aber stand nicht nur auf Sweet, sondern wie so viele Jungen aus dem Jahr 1964 war er ein großer Indianerfan. Und als The Sweet dann den Song „Wig Wam Bam" machten, da wusste er, das ist sein Lied.

Es wird sicher peinlichere Stücke auf den Partys zum 50. geben, und wenn „Live is life" kommt, sollte man vielleicht besser gehen. Den Kindern sagen, dass sie einen jetzt abholen können. Aber versuchen sollte man es mit dem Feiern doch, auch wenn Angela Merkel die Leute dazu nicht gerade ermuntert hat. Als sie 50 wurde, im Jahr 2004, da erzählte sie der *Bunten*, dass sie lange überlegt habe, ob sie größer feiern solle. „Aber ich dachte mir, dass ich mir an meinem 50. Geburtstag das Recht nehme, das zu machen, was mir am liebsten ist." Und was ist das? „Es war mein größter Wunsch, nur mit der engsten Familie gemütlich zu Hause zu feiern. Es gibt frische Forellen vom Fischer."

Vielleicht ist das der Unterschied zwischen den vielen, vielen, die 1964 geboren wurden, und den älteren Jahrgängen. Wer wie die 64er mit 35 Kindern in einer Klasse saß, mit

Hunderten im Freibad lag und auf der Tanzfläche den Boden vor lauter Füßen nicht sehen konnte, der will vielleicht auch den 50. nicht in der engsten Familie feiern.

Der will noch einmal Deutschlands stärksten Jahrgang feiern, laut Bob Marley um Mitternacht hören und endlich wieder eine selbstgedrehte Zigarette rauchen. Morgens um drei wird „Felix de Luxe" aufgelegt, ein Stück aus dem Jahr 1984, da waren alle zwanzig: Mit einem „Taxi nach Paris".

„Es ist nie spät genug nach Haus zu gehen
Sie war leicht und ich war schön und schön betrunken
Ich hab' es gern wenn sich zwei Welten dreh'n
Und Sterne funkeln wie Laternen im Dunkeln."

Das wär' was für den 50., besser als alle Harley-Touren oder Yogawochenenden. Mit einem Taxi nach Paris. Warum nicht?

Aber jetzt gibt es jetzt noch den letzten Song, den Song, den Nieswandt am Ende der Party zu seinem eigenen 50. spielen würde. Er ist von dem früh verstorbenen amerikanischen Sänger Tim Hardin. Und er heißt: „It'll never happen again."

Es wird nie wieder geschehen. Das stimmt. Aber es ist passiert, dass in Deutschland in einem Jahr 1 357 304 Kinder geboren wurden.

Es war im Jahr 1964.

Generation X

Sieht man es großzügig, gehören die 64er noch zur Generation X, zu den Menschen, die zwischen den frühen 60er- und den frühen 80er-Jahren geboren wurden. Nimmt man es genau, gehören die 64er nicht mehr dazu, weil sie noch die Zeit vor den Billigfliegern und den Thailand-Reisewellen kennen. Eine Zeit, in der man noch Lufthansa flog oder „Interrail machte".

Yps

Das Comic-Magazin hatte oft ein ganz besonderes Gimmick, also Spielzeug, für die Kinder. Wobei: Ein Spielzeug war es eigentlich nicht, es waren Lebewesen. Urzeitkrebse, die wuchsen und lebten, wenn man sie ins Wasser setzte. Irgendwann lebten sie allerdings in der Kanalisation, weil die Eltern das Gewimmel der seltsamen Tiere in Gläsern und Schüsseln nicht mehr sehen konnten. Und sie ins Klo kippten.

ZVS

Sie war Schicksal, spielte Gott und sorgte dafür, dass Menschen, die in Hamburg geboren wurden, heute in Passau wohnen. Weil sie dort einen Studienplatz bekommen hatten. So mächtig war die ZVS, die Zentralstelle für die Vergabe von Studienplätzen. Sie bestimmte, wer in der Bundesrepublik wann und wo studierte. Wer einen Abi-Schnitt von 1,0 hatte, musste sie nicht fürchten, aber wer hatte das schon? Alle anderen waren ihrem Willen unterworfen. Mussten in die Provinz ziehen oder zwölf Jahre warten, bis ein Studienplatz in München frei wurde. Heute geht es manchen Abiturienten wieder so. Nur hat die Behörde, die nun Schicksal spielt, einen schöneren Namen: Stiftung für Hochschulzulassung.

Nicole

* 25. Oktober 1964

Sängerin

Ein Treffen in München-Bogenhausen, gleich um die Ecke vom Prinzregentenplatz. Eine Altbauwohnung, Beletage, belegt von einer Musikproduktionsfirma. Nicole trägt hohe Stiefel, Jeans, Lederjacke, geföhntes langes Haar. Sie hat keine glatte Sprache, man hört den saarländischen Dialekt, ein weicher Klang nahe am Französischen. Manchmal steht sie auf während des Gesprächs, bewegt sich ein bisschen wie auf einer Bühne, sehr lässig. Sie ist Großmutter, sie wirkt noch jung, sie will nicht cool sein, aber manchmal ist sie es einfach doch. Weil sie so ist, wie sie ist. Mehr als 30 Jahre nach ihrem Grand-Prix-Sieg. Ihr kann man nichts vormachen, sie muss sich nichts vormachen. So kann man älter werden.

Haben Sie sich damals, 1982, sehr erwachsen gefühlt, als sie mit siebzehn den Grand Prix gewonnen haben?
Mit siebzehn kann man nicht wirklich sagen, dass man erwachsen ist, aber ein Kind ist man eben auch nicht mehr. Man will ja vor allem erwachsen sein, man will mit den Großen mitreden. Was sollte ich auch machen? Es war ja eine große Aufgabe, die ich da zu stemmen hatte, auch psychisch eine Riesennummer. Mir war das schon klar, wenn das funktioniert mit dem Grand Prix, siehst du deine Freunde erst mal

278

nicht mehr. Wer weiß, was die Leute dann alles mit dir anstellen wollen. Ich habe mir immer wieder bewusst machen müssen, was ich will.

Wenn Sie heute an die 17-jährige Nicole denken, wie würden Sie die beschreiben?

Oh, ich würde sagen, sie war ein bisschen naiv und arglos. Ich bin ja sehr wohlbehütet groß geworden, an mich kam auch nicht wirklich viel ran. Wir waren eine kleine Familie, ich wuchs in bescheidenen Verhältnissen auf, mit drei Geschwistern. Mein Vater hat immer gearbeitet, und auch meine Mutter hat bei Wind und Wetter den Leuten an der Tankstelle das Benzin in den Tank gefüllt. Es ging darum, uns durchzubringen, wir Geschwister waren ja sehr nah beieinander. Mit dem Jahrgang 1962 fing das an, dann 1963, 1964 und schließlich 1968.

Das war ja fast noch eine Wirtschaftswunderkindheit.

Ja, samstagabends haben wir zu viert in der Badewanne gehockt, und ich wollte immer die erste sein, die dann im Sessel saß vor dem Schwarz-Weiß-Fernseher, um die „Hitparade" zu sehen. Da habe ich dann meine Butterbrote gegessen, Dieter Thomas Heck gesehen und gedacht, das wäre mein Traum, einmal dabei zu sein, bei der „Hitparade". Und dort habe ich mit sechzehn tatsächlich meinen ersten Auftritt gehabt. Ich hatte später insgesamt 17 Nummer-1-Hits dort, und wurde so eine Art Königin der Sendung, die das Ganze am Ende aber auch mit beerdigen durfte, als die Zeit vorbei war.

Dieter Thomas Heck war damals jünger, als Sie es heute sind, kam er Ihnen trotzdem vor wie ein älterer Mann?
Eigentlich schon. Er war zwar erst Anfang 40, aber für jemanden, der damals 17, 18 war, war das natürlich trotzdem schon alt. So ist das zwischen den Generationen.

Und Sie waren am Anfang immer die Jüngste.
Ja, ich kam aus dem Saarland, aus meinem Dorf, plötzlich nach Berlin für die Auftritte. Das war schon die weite Welt für mich, mit sechzehn. Aber ich habe mir immer gesagt: Du musst gewappnet sein, egal, was passiert, du vergisst nicht, wo du herkommst, du bleibst mit beiden Beinen auf dem Boden, vielleicht war es ja auch kein Zufall, dass das erste Lied hieß: „Flieg nicht so hoch, mein kleiner Freund." Bescheiden bleiben, nie abheben und nie verlernen, durch das Scheinwerferlicht hindurchschauen zu können. Nur so geht's. Ich habe ja seit meinem vierten Lebensjahr Musik gemacht.

Was geht denn verloren auf so einem Weg?
Die Unbekümmertheit. Ich wüsste nicht, ob ich heute bei einem Sieg, in meinem jetzigen Alter, die Chuzpe hätte, „Ein bisschen

Frieden", dieses Lied, in vier Sprachen zu singen, spontan. Ich wusste ja damals gar nicht, was ich da losgetreten hatte. Ich wollte den Menschen alles zurückgeben, „Danke" in allen Sprachen sagen, weil ich überwältigt war.

Hatten Sie auch Angst, damals?

Ja sicher, obwohl ich diesen Erfolg wollte, hatte ich Angst davor, dass sich alles verändert im Leben, vor diesen vielen Reisen und davor, dass ich meine Freundinnen nicht mehr sehe.

Fühlt man sich dann nicht mehr als ein Teil dieses großen Jahrgangs 1964, wenn man plötzlich so herausgehoben wird?

Vielleicht. Ich wusste ja auch, ich bin wochenlang nicht mehr zu Hause, das wird schwierig, denn ich bin ein Familienmensch, ich habe Heimweh, wenn ich so lange weg bin. Und außerdem wollte ich die Schule zu Ende bringen. Ich war in der 11. Klasse und war nach dem Grand-Prix-Sieg sechs Wochen nicht in der Schule. Ich habe die Hausaufgaben per Telex ins Hotel bekommen.

Wann war Ihnen zum ersten Mal klar, dass Ihr Lied Sie bekannt machen könnte?

Bei den Proben zum Grand Prix. Man spürt so etwas, wenn die Putzfrau plötzlich den Eimer beiseitestellt und drei Minuten andächtig zuhört. Da dachte ich: Jetzt wird's konkret. Jetzt passiert etwas.

Und es passierte viel mehr, als Sie dachten.

Vor allem auch Sachen, die ich nie erwartet hätte, und an die sich heute kaum jemand erinnert: Der Sieg an sich war ja eine sehr laute Geschichte. Die Fotografen haben sich gegenseitig die Fotoapparate an den Kopf gehauen. Da war ein Gedränge und Geschiebe, jeder hat an mir gezerrt. Aber es gab noch etwas anderes, einen zweiten Sieg an diesem Abend. Einen leisen.

Was war das?

Das war mehr als Musik. Ein deutsches Mädchen hat für ein Friedenslied von Israel beim Grand Prix zwölf Punkte bekommen, das ist nicht zu unterschätzen. Es gibt ein Foto, das zeigt, wie wir ganz nervös auf das Urteil von Israel warten, da sieht man die Knöchel an unseren Händen. Und dann der Moment, in dem Israel seine Stimme abgibt, plötzlich sagt dieser Mensch: Germany twelve points ...

Das war ein Stück Geschichte für eine Siebzehnjährige.

Ja, und dann haben die mich eingeladen nach Israel, nach Tel Aviv, im August, es war sehr heiß, ich sollte dort in den Kasernen bei den Soldaten spielen, das war ja nicht ganz ungefährlich. Und dann war ich in einer Kaserne, das sehe ich heute noch, irgendwo draußen, ich saß mit meiner Gitarre auf einem Hocker, und die Soldaten saßen mit ihren Gewehren auf einer

Anhöhe. Männer und Frauen, die setzten sich also vor mich auf diesen Hügel, und dann war das wie in einer Zeitlupe, so erinnere ich das. Dann haben sie ihre Waffen beiseitegelegt, haben sich an der Hand gefasst und haben gelauscht. Und ich dachte nur: Mein Gott, was wird dir hier zuteil?

Haben Sie das damals schon so gesehen?

Schon, aber je älter ich geworden bin, desto mehr ist mir die Tragweite dieses Moments klar geworden. Das ist unglaublich, was da passiert ist. Und eigentlich hat das damals kein Mensch mitgekriegt, dass ich in Tel Aviv war. Das war Wahnsinn.

Und dann haben Sie noch Paul McCartney geschlagen.

Ich war plötzlich die 500. Nummer 1 in den britischen Charts. Da bin ich richtig stolz drauf, denn in der Woche, in der wir beim Grand Prix in Harrogate waren, hatte Paul McCartney seine neue LP präsentiert. Die hieß „Tug of War", und da war ein Lied drauf, das er gemeinsam mit Stevie Wonder sang: „Ebony and Ivory". Das habe ich die ganze Woche rauf und runter gehört. Dann war ich drei Wochen später mit „A little peace" Nummer 1, und die waren Nummer 2.

Ein komisches Gefühl?

Klar. Paul McCartney, die Beatles, das waren auch für mich Helden, die Helden meiner Kindheit. „Let it be" zum Beispiel, ein guter Song, bleibt ja immer ein guter Song. A good song is a good song is a good song.

Welche Lieder begleiten Sie denn bis heute?

Ich mag sehr gerne „Vincent" von Don McLean, also alles, wo ich Gänsehaut bekomme. Es gibt da einen Song von Reinhard Mey, „Gib mir Musik", da sitzt er im Flugzeug und hört sich per Kopfhörer ein Lied an und beginnt zu weinen, weil ihn die Musik ergreift. Er fragt sich, wie die Geschäftsleute auf den Nachbarsitzen das wohl finden. Ich aber kann das gut verstehen, dass er weint. Da sehe ich mich auch drin. Ich liebe überhaupt die Texte von Reinhard Mey, weil er keinen Mist schreibt, er ist ein Wortakrobat. Nehmen Sie die „Eisenbahnballade", Mey singt darin über all das Gute, was die Züge in die Welt gebracht haben, aber er singt auch über die Deportation der Juden in den Waggons. Das sind Themen, die kann ich nicht aufnehmen, aber diese Texte, die gehen mir nah.

Wann haben Sie eigentlich zum ersten Mal gedacht: So, jetzt bin ich wirklich erwachsen?

So um die 30 herum habe ich das gedacht, als dann beide Kinder da waren, die Jüngere ist 1997 geboren, da war ich 32, da habe ich gedacht, so, jetzt passt alles, da war ich angekommen. Da dachte ich, jetzt habe ich alles, eine Familie vor allem.

Wollten Sie das immer, Familie?

Ja klar, das ist doch das Leben. Meine Familie und mein Beruf, und beides so hervorragend miteinander verbinden zu können, das ist es für mich, kein Verzicht auf die eine oder die andere Sphäre. Ich wollte nie auf Familie verzichten, ich wollte aber auch nie auf die Musik verzichten. Ich habe meinen Mann ja schon mit vierzehn kennengelernt, und seitdem sind wir zusammen, das ist in dieser Branche sehr selten. Es ist vielleicht überhaupt sehr selten. Es geht ja auch nicht allen gut hier. Wenn ich in Konzerten „Wenn Johnny Walker kommt" singe, das Lied über eine Frau, die trinkt, nachdem die Kinder aus dem Haus sind, dann kommen hinterher immer ein paar Frauen zu mir und sagen, wie sehr ihnen der Song gefallen hat. Dann weiß ich, was bei denen zu Hause los ist.

Nicht gerade die heile Schlagerwelt, oder?

Nein, und wissen Sie, das hat mich auch Kraft gekostet, solche Lieder durchzusetzen in den vergangenen Jahren, es ist anstrengend, immer gegen das Schlagerklischee anzukämpfen.

Hat sich das Leben zwischen 30 und 40 noch einmal verändert für Sie?

Ich glaube nicht, ich muss aber auch sagen, ich bin sehr belastbar, wenn wir unterwegs sind, sagen meine Leute: Lass' uns doch mal eine Pause machen. Aber ich zieh dann lieber die Termine durch und bin einen Tag früher wieder zu Hause, da kommt das Heimweh durch. Und zu Hause ist zu Hause. Ich mache auch keine Homestorys, hinter meiner Tür ist privat.

Ihre ältere Tochter hat Sie schon zur Großmutter gemacht. Wie reagieren die Leute, wenn sie das hören?

Mit Unglauben, aber ich find's klasse. Wenn ich mit meiner Tochter und mit meiner Enkelin, die jetzt zwei ist, im Supermarkt einkaufen gehe, und meine Tochter mich dann fragt: Mama, brauchst du das noch? – dann gucken schon die Ersten. Und wenn meine Tochter dann zu meiner Enkelin sagt, soll die Oma dir noch was holen, dann bricht für die Leute die Welt zusammen. Ich könnte mich dann wegschmeißen, alleine diese Blicke, weil die ja irgendwie erst mal gedacht haben, das kleine Kind ist meins.

Da braucht man keine Angst vor dem Alter haben, oder?

Ich finde nicht, auch wenn ich überlege, was ich schon alles erlebt habe, und wie es mir immer noch geht. Es hat auch zweimal Anfragen vom *Playboy* für ein Fotoshooting gegeben, und die letzte Anfrage, das ist erst ein Jahr her. So viel zum Thema Alter. Es ehrt mich ja irgendwo, aber ich habe das dann dankend abgelehnt. Das zeigt doch, dass es noch geht, und die machen ja auch wirklich schöne Fotos beim *Playboy*: Aber am Ende bist du da trotzdem nackt. Ich habe es als absolutes Kompliment empfunden, aber es ist auch toll, mittlerweile diese Sicherheit zu haben, einfach zu sagen: Nein.

Und gar kein bisschen Angst vor dem 50.?

Nein, die 4 davor war mir auch schon wurscht, aber ich überlege, ob es nicht besser wäre, abzuhauen an diesem Tag. Wenn man sich das alles nicht zu nahe kommen lassen will, dann feiert man am besten groß, dann geht das Ganze im Feiern unter, und dann ist man 50. Aber wenn man sich wirklich die 50 bewusst machen will, dann muss man irgendwo hin, ganz weit weg. Als mein Mann und ich Silberhochzeit hatten …

Silberhochzeit?

Ja, sicher, Silberhochzeit, da habe ich meinen Mann und meine Familie geschnappt, meine Töchter und meinen Schwiegersohn, und wir sind in die Karibik geflogen. So ging's. Vielleicht ist das auch die Lösung für nächstes Jahr.

Und dann geht es einfach weiter, oder?

Wissen Sie, zum Schluss meiner Konzerte ziehe ich immer einen imaginären Hut. Wenn irgendwann mal auf der Bühne ein richtiger Hut zu sehen sein wird, dann ist das das Zeichen: Das war's. Aber keiner weiß, wann. Ich auch noch nicht.

Der Autor

Jochen Arntz ist stellvertretender Ressortleiter der Seite Drei der Süddeutschen Zeitung. Das Rekordjahr 1964 verpasste er knapp. Aber er weiß, was Massen sind: Er kam im Frühjahr 1965 in einem Bundesland zur Welt, in dem sich ohnehin alle drängeln – in Nordrhein-Westfalen. Immer saß er mit mehr als 30 Mitschülern in der Klasse; die Universität Köln, an der er studierte, war jeden Tag so voll wie ein Abschlussgottesdienst beim Kirchentag. Die Welt vibrierte. Heute wundert er sich manchmal, wie er die ersten dreißig Jahre seines Lebens ohne Handy überlebt hat. Und er fragt sich, wie seine jüngste Tochter dieses Land einmal erleben wird. Still und leer? Sie wurde 2006 geboren, in einem Jahr, in dem in Deutschland weniger als halb so viele Kinder auf die Welt kamen als 1964.